官宣

如何做官方宣传

傅一声 著

北京大学出版社
PEKING UNIVERSITY PRESS

图书在版编目(CIP)数据

官宣：如何做官方宣传 / 傅一声著. —— 北京：北京大学出版社, 2024.11. —— ISBN 978-7-301-35654-8

Ⅰ. F272-05

中国国家版本馆CIP数据核字第2024TN3441号

书　　　名	官宣：如何做官方宣传 GUANXUAN: RUHE ZUO GUANFANG XUANCHUAN
著作责任者	傅一声　著
责 任 编 辑	滕柏文
标 准 书 号	ISBN 978-7-301-35654-8
出 版 发 行	北京大学出版社
地　　　址	北京市海淀区成府路205号　100871
网　　　址	http://www.pup.cn　新浪微博:@北京大学出版社
电 子 邮 箱	编辑部 pup7@pup.cn　总编室 zpup@pup.cn
电　　　话	邮购部 010-62752015　发行部 010-62750672　编辑部 010-62570390
印 刷 者	天津中印联印务有限公司
经 销 者	新华书店 720毫米×1020毫米　16开本　19.25印张　300千字 2024年11月第1版　2024年11月第1次印刷
印　　　数	1-4000册
定　　　价	79.00元

未经许可，不得以任何方式复制或抄袭本书之部分或全部内容。
版权所有，侵权必究
举报电话：010-62752024　电子邮箱：fd@pup.cn
图书如有印装质量问题，请与出版部联系，电话：010-62756370

内容简介
Content introduction

企业如何展现真实、立体、全面的形象，提高自身的软实力和影响力？目前，越来越多的企业需要借由新的媒介发声、宣发。

本书为宣传工作者量身定制，基于当前的媒体传播形势，系统讲解AI新媒体时代的宣传思路与工作方法。全书共分8个章节，第1章总体讲解宣传工作思路；第2章至第6章讲解如何使用AI创作文案、图片、海报、视频等素材，以及如何使用AI助力直播；第7章及第8章围绕线上、线下宣传场景展开讲解。此外，本书配有附录"宣传舆情风险规避指南"，全面介绍了宣传工作需要重点关注的舆情风险及应对方法。

本书大多数案例来自近两年作者亲自操盘或者参与的项目，玩法新潮，干货满满，实战性强，风格为"轻松幽默，有趣有料"，堪称企业宣传工作者与宣传学习者的必备宝典。

推荐序

如今,我们身处怎样的媒体环境?

如果一定要概括这个时代的宣传特点,"'虚拟空间'崛起"可能是最重要的特点。人类创造的供自身栖居其中的虚拟信息空间,或者说是赛博空间,使我们不需要逃避现实,就拥有一种"异质的现实"。数字化的普及和新媒体的发展带我们进入了信息社会,每个人的生活边界和感知边界都被无限扩展,但问题也随之而来——信息茧房、数字鸿沟、算法黑箱、流量反噬、创作灵感枯竭……

大量传播工作的重心从线下转移到了线上,从真实走向仿真。在这样一个全新的时代,传统的自上而下的宣传思维已经被传播思维取代。

拨开迷雾,沉下心来,我们应该想想,信息技术在变化、传播方式在变化、用户偏好在变化……究竟有哪些东西是不变的?创意层出不穷、热点昙花一现……究竟有哪些宣传规律和宣传方法是长久有效的?

《官宣:如何做官方宣传》一书给出了可能的答案。本书面向企业和机构的宣传工作者,结合当前宣传工作的最新趋势,系统讲解了如何在AI时代优化企业和机构的形象、提升企业和机构的影响力。

如果你是资深宣传人,要重点关注新的趋势、新的工具;如果你是宣传新人,要尽快掌握公共传播与策略传播的必备知识和技能,以便胜任宣传工作。

在本书中,作者傅一声以亲自操盘或参与的项目为基础,总结成功经验与失败教训，不仅广泛介绍了AI工具在文案组织、图片与视频素材制作中的应用，还针对线上、线下的不同场景，给出了合理的宣传策略，内容新颖且实战性强，能够为企业和机构的宣传工作者提供切实可行的指导。

本书行文轻松、幽默，所用案例新颖、丰富，阅读体验很好。相信这本书能够帮助读者拓宽思路，讲好中国故事，讲好企业故事，也讲好自己的故事。

博学之，审问之，慎思之，明辨之，笃行之，希望大家都能通过阅读本书获得灵感与启发。

唐金楠

北京大学新闻与传播学院党委书记

自序

你还记得赵丽颖与冯绍峰的"官宣"事件吗?

2018年10月16日,赵丽颖与冯绍峰同时在微博上发布喜讯,配图为两人的结婚照与结婚证封面,配文仅两个字,即"官宣",如图1、图2所示。该消息一经发布便迅速冲上微博热搜,引起大量转发,"官宣"一词受到高度关注并被广泛模仿使用。渐渐地,"官宣"时常出现在新旧媒体上,用于某个人或某机构正式发布某消息。

图1 赵丽颖"官宣"原微博截图

图2 冯绍峰"官宣"原微博截图

2018年10月16日,人民日报官方微博参与"官宣体"话题互动,配图为《人民日报》头版刊发的纪念我国第一颗原子弹爆炸成功54周年这一消息的照片,提示公众关注国家历史,具体内容如图3所示,网友纷纷表示"这才是该有的热度"。

官宣
如何做官方宣传

图 3　人民日报微博截图

除了人民日报官方微博，山东大学官方微博也立刻参与"官宣体"话题互动，配图为山东大学学生证与山东大学校门的合影，配文"官宣"，具体内容如图 4 所示。

图 4　山东大学微博截图

短时间内，"官宣"一词被广泛应用于宣传场景。

"官宣"原为"官方宣布"的缩写，"官方宣布"中的"官方"指某种权利的拥有方，可以指政府、事业单位、企业、品牌、个人等主体（本书后续用"宣传主体"

自 序

一词指代官宣的发起方）。

"官宣"有强调所发布的消息的权威性、可靠性的意味。2018年12月3日,"官宣"一词被《咬文嚼字》编辑部评选为"2018年十大流行语"之一;2018年12月19日,"官宣"一词被国家语言资源监测与研究中心评选为"2018年度十大网络用语"之一。"官宣"迅速成为泛指某机构或某人对外正式发布消息的常用词。

本书的"官宣"一词基于该背景提取,但书中"官宣"的含义绝不仅是"官方宣布"这么简单!在信息爆炸、自媒体盛行的今天,发布消息很容易,有很多渠道,但是要想获得理想的宣传效果,需要掌握的技能比过去多得多。为了帮助广大宣传人做好新时代的宣传工作,本书得以策划、撰写,本书旨在为所有宣传人提供宣传的新思路、新方法与新工具,书中的"官宣"意为"官方宣传"。

如今,信息技术越来越发达,宣传途径越来越多样,但是大家普遍感觉"宣传越来越难做"。为什么会如此?主要有以下4个原因。

第一,渠道和传播的多元化带来新的挑战。数字时代,消费者的触媒习惯极其多样,接受信息的触点众多。中国的媒介环境很复杂,不仅有成百上千家广播电视台、出版社、期刊社、报社,还有电梯媒体超330万屏、电影院线超5万屏、APP超400万个,如今,人均安装60多个APP。

线上、线下的媒体和渠道更多了,流量随之更分散了。不同媒体、渠道上的信息传播逻辑与受众喜好不同,这对宣传的内容和形式提出了更高的要求。宣传人的工作量大大提升,因为受众的注意力更难被吸引,宣传效果更难保证!

第二,传统的宣传方法逐步失效。有再好的赶马车技术也无法确保能够驾驶汽车。很多宣传人并未及时更新自己的认知和技能,还在沿用已经过时的宣传方法,使得传统的官方宣传遇到自媒体时常常"溃不成军"。一个事件发生后,自媒体的反应速度比传统的官方宣传快得多,传统的官方宣传已经丧失了先机,加上网络谣言、小道消息等信息的迅速发酵,受众受网络情绪影响后,传统的官方宣传的效果会更差!

官宣
如何做官方宣传

第三，越来越多的非专业人士被要求做宣传工作，他们一无经验，二无技能，处处被动，总是感到力不从心。 不过，非专业人士在欠缺经验的同时，会因为没有对过往经验的过度依赖，更加容易学习、接受新东西。

如今，宣传人不再特指新闻/传媒工作者、主管宣传/思想工作的人员和身在品牌宣传岗的人员，每个人都承担着组织的宣传职责，每个人都需要"为自己代言""为企业代言"。宣传人承担着沉甸甸的责任，需要有身先为范、终身学习的担当精神！

第四，管理模式陈旧，缺乏激励措施。 很多政府机构要求全员懂宣传、做宣传，但权责不清，很多人"宁可不做，也不犯错"；很多企业计划孵化官方账号，甚至培养代表企业的网红IP，但是管理层对此认识不足，管理模式与激励措施不到位，一方面担心员工做不好，另一方面担心员工做好以后"单飞"；有的行业，如证券行业、医疗行业，由于合规要求比较严，领导担心出问题，干脆"一刀切"，定下无数条条框框……宣传工作时间紧、任务重、琐事多，但是人手严重不足，这是普遍情况。

有没有破解之法呢？我们来看一个真实案例。

2022年，我给联通集团的管理培训生做培训，在培训的最后阶段，联通集团高层要求培训生们组成小队，深入各部门，拍摄、制作部门宣传视频。这些管理培训生既没有拍摄、制作宣传视频的经验，也缺乏对各部门的了解，完成此任务难度颇大。

为此，联通集团请我对他们进行短视频培训。解决新问题，不能用老方法，我不按常理出牌，选择教他们拍摄、制作探店类视频——用探店的形式拍摄各部门的宣传视频，不仅难度低，而且更具真实感。学员学会探店类视频的脚本撰写、常用镜头拍摄、剪辑技巧后，就能够轻松制作出受欢迎的探店类视频。相较于耗资巨大地制作受众根本没有兴趣观看的官方宣传片，制作探店类视频成本低且效果好；相较于委托影视公司负责后期制作与宣传，由一线员工充当宣传员，是实实在在的

自 序

"降本增效"。

后来,我为上海临港集团、中国移动交付过类似的培训项目,不仅取得了极好的宣传效果,而且培养出了一支支具备宣传能力的队伍,为企业打开了"全员宣传"的新局面。

在上述案例中,联通集团高层同意放弃过去的宣传片模式,让一线员工用自己的视角、全新的模式做宣传视频,是思路上的创新;集团愿意为一线员工提供技能培训、差旅补贴、优秀作品激励,是实践上的保障。联通集团能够在官方宣传方面成为国企的标杆,甚至创造"感谢联通"的网络热点,绝非偶然,离不开领导的魄力与员工的努力。

这样的案例还有很多,在宣传思路和宣传方法的新旧交替过程中,我们都需要拥有全新的思维,掌握更多的新创意、新方法和新工具。

管理学中有一种说法:勿用"战术上的勤奋"掩盖"战略上的懒惰"。时代发展越快,我们越要慢下来,用战略眼光看清楚再行动。

如今,市场上鲜有系统讲解如何做好宣传的书籍。本书基于这样的行业背景与市场需求所写,我努力梳理当前先进的宣传工作理念和市场化的实战方法,结合真实案例,为大家系统讲解在 AI 新媒体时代,到底应该如何做官方宣传。

在这个时代,埋头努力是远远不够的,我们需要理解时代趋势,看到每一个领域、每一项工作都有自己的系统。找到系统的杠杆支点,个人的力量才会被放大。

本书,我用了 8 个章节来拆解、分析官方宣传系统。

第 1 章,分析流量与宣传的关系,提出官方宣传的最新策略——"三网合一",即构建 3 张宣传网络,分别是以互联网流量为主的"天网",以线下流量为主的"地网"和以社交流量为主的"人网"。在这 3 张宣传网络中,以互联网流量为主的"天网"是重点,不管你是新入行的宣传人,还是资深的宣传人,都需要尽快掌握全新的网络宣传思维与整套方法论。

第 2 章至第 6 章是"天网"部分,先讲解如何使用 AI 创作各类宣传素材,再介绍图文平台、视频平台与直播平台的内容编辑与发布方法，打通全流程闭环。

第 7 章围绕"地网"，第 8 章围绕"人网"，分别介绍相关的宣传原理、经典方法与案例，帮助读者掌握"三网合一"的全渠道宣传技能！

有机遇，就有风险。丰富多元、纷繁复杂的宣传玩法背后隐藏着巨大的舆情风险，因此，本书特设附录，详细介绍最新的舆情风险及规避措施，助力读者大胆宣传不踩坑！

书中，新媒体部分的重点在于内容编辑与发布，不包括文案、视频等内容的创作方法介绍与直播的运营技巧介绍，建议有相关学习需求的读者阅读本书的姊妹篇《运营之巅：非互联网行业的新媒体运营》。两本书搭配阅读，能全面点亮新媒体宣传的技能地图。

因为 AI 技术及其应用的更新、迭代速度非常快，所以我会在本书的配套资料包中持续更新 AI 在宣传领域的最新应用，让本书"永不过时"。

除了 AI 相关内容，配套资料包中还有 PPT 课件、视频资料、读者学习社群等内容，助力读者更好地掌握书中讲解的知识。

读者可以扫描下方的二维码，关注作者的公众号"傅一声"，按书中提示回复关键词获取各类资源；也可以关注编辑部的公众号"博雅读书社"，输入本书 77 页的资源提取码，下载本书配套资源。

傅一声

博雅读书社

我想，阅读这本书的人，都是想要成为宣传领域的高手的人。我们心中有火，眼里有光，浑身闪耀着乐观与自信的光芒！现在，让我们带着开放与从容的心态，开启阅读之旅吧！

目 录

第 1 章
官方宣传新时代

1.1 流量改变宣传 / 004
1.2 天网：打造网络矩阵，掌握流量制空权 / 009
1.3 地网：激活线下宣传，提升体验与转化 / 014
1.4 人网：引爆社交口碑，实现裂变与分享 / 016

第 2 章
成为 AI 创作高手

2.1 AIGC 应用洞察 / 022
2.2 AI 提问原理 / 024
2.3 AI 提问五大模式 / 027
2.4 文案创作技巧 / 036

第 3 章
AI 多媒体内容制作

3.1 AI 绘图 / 043
3.2 AI 图片编辑 / 061
3.3 AI 海报设计 / 068
3.4 AI 配音 / 083
3.5 数字人 / 087
3.6 AI 视频 / 093

第 4 章
图文编辑与发布

4.1　图文编辑通用八步　/ 103

4.2　公众号图文编辑与发布　/ 117

4.3　微博图文编辑与发布　/ 124

4.4　小红书图文编辑与发布　/ 133

第 5 章
视频编辑与发布 / 发表 / 投稿

5.1　视频编辑四环节　/ 142

5.2　抖音视频发布　/ 154

5.3　微信视频号视频发表　/ 164

5.4　小红书视频笔记发布　/ 170

5.5　微博视频发布　/ 175

5.6　哔哩哔哩视频投稿　/ 180

第 6 章
直播编辑与推广

6.1　搭建官方直播间　/ 187

6.2　直播素材设计　/ 203

6.3　抖音直播编辑与开播　/ 206

6.4　微信视频号直播编辑与开播　/ 214

6.5　直播宣传与推广技巧　/ 222

第 7 章
地网：激活线下宣传

7.1 联名营销 / 229
7.2 色彩营销 / 情绪营销 / 232
7.3 城市宣传 / 234
7.4 巨物宣传 / 238
7.5 故事宣传 / 240
7.6 热点演绎 / 242
7.7 打造网红点 / 246
7.8 福利宣传 / 249

第 8 章
人网：引爆社交口碑

8.1 口碑传播的秘密 / 255
8.2 裂变增长活动策划 / 262
8.3 朋友圈宣传的着力点 / 271
8.4 打造"四有"社群宣传 / 275

附录
宣传舆情风险规避指南

附一 宣传舆情风险的七大类型 / 283
附二 宣传舆情风险解决方案 / 287

第 1 章

官方宣传新时代

自从新媒体崛起，所有人谈宣传都绕不开新媒体，因为新媒体深刻地改变了传统的信息传播方式，重构了宣传格局。

人人都是自媒体，人人都离不开新媒体。头部主播告诉我们"一个人可以带火一座城"，东方甄选、小米等企业告诉我们"老板应当成为企业最重要的形象代言人"，无数自媒体达人告诉我们"打造个人品牌，是最具性价比的宣传方式"……各种现象，各类玩法，颠覆与创新，无时无刻不在上演。

眼见着有的人一夜爆红，有的人跌落神坛，有的人昙花一现，有的人抓住机会一路跃迁……作为宣传人，我们要时常问自己：这复杂的局势到底是怎么回事？我们究竟身处何方？要到哪里去？

从 PGC 时代到 PUGC 时代，再到 AIGC 时代，是时候重新认识这个充满魅力的宣传新时代了！

（1）PGC 时代

在自媒体出现之前，宣传的主要模式是 PGC。PGC 全称为 Professional Generated Content，即专业生产内容——有专业知识背景、相关工作资质的人才能生产、发表内容。以新闻传媒业为例，有新闻专业背景的新闻从业人员报道的专业性新闻就是 PGC 新闻。

（2）PUGC 时代

2009 年，网络用户的交互得以实现，UGC 诞生了。UGC 全称为 User Generated

Content，即用户原创内容。在互联网上，用户既是受众，又是网络内容的生产者、创作者。这很好理解，无论是看微博，还是刷抖音，我们都可以自由地发表评论，想要发表作品也几乎没有门槛。于是，大多数优秀的互联网平台会将PGC与UGC融合形成PUGC（Professional User Generated Content），即专业用户生产内容。喜马拉雅、抖音、快手、哔哩哔哩（以下简称B站）、知乎等，都是典型的PUGC模式——平台既要重点支持专业"大V"，给予优秀账号更多的特权，助力其内容质量的提高，又要给普通人机会，让普通人愿意在平台上经营自己的账号，与此同时，不断扶持更多的普通人成为"大V"，给普通创作者上升通道。

（3）AIGC时代

2023年，AI"出圈"，AIGC成为新的趋势。AIGC全称为Artificial Intelligence Generated Content，即生成式人工智能。大语言模型在ChatGPT上的突破，点燃了人们使用人工智能的热情，如今，人们可以使用人工智能算法生成各种内容，包括文字、图像、音频、视频等。AIGC已经在新闻报道、广告、营销、自媒体、电商等领域被广泛使用，可以大大提高内容生产效率、降低内容生产成本、拓展创意空间。

当今时代，是由PUGC模式向AIGC模式过渡的宣传新时代。在这个过渡阶段，很多传统宣传模式被颠覆，流量改变了宣传思路与宣传策略，获取、经营和转化流量成为所有宣传人关注的重点。

1.1 流量改变宣传 >>>

当今时代，流量几乎颠覆了传统宣传模式。

第一，流量的需求量决定了宣传阵地。

只有极少数人做宣传工作只需要按部就班地发布消息，倒不是因为他们有多厉害，而是因为他们"嘴硬"。

2024年4月，上海某社区卫生服务中心请我去做培训，培训开始前，客户领导对我说："我们不需要流量。"我大为吃惊，以为他们自有独特的宣传秘诀。到了现场，跟一线宣传人交谈后才知道，所有人都迫切地想要更多的流量，领导最想要，但更怕大家犯错误。我在那一刻才悟了，很多人说不想要流量，犹如孔乙己脱不下长衫。

事实上，官方宣传"卷"得相当厉害。哪里有客户，就要到哪里去宣传。这些年，我承接了很多传统企业的培训业务，他们都在积极拓展宣传渠道，即便是烟草、福利彩票等企业，也在积极地拥抱新媒体，跟上时代的脚步。

流量非常分散，不同的平台对应着不同规模的流量，如果想要更大的流量，必须去往用户量更大、活跃度更高的平台。

中国广电的某省公司请我为员工培训新媒体相关内容，我好奇地问："你们自己就是媒体，为什么还要接受新媒体相关的培训？"他们告诉我："虽然我们拥有各级地方电视台的渠道，但是也得开设抖音号、微信视频号等账号，使用新媒体平台，因为现在看电视的人太少了。"他们拥有大量影视资源的版权，拥有很多针对老年人、残疾人等各类群体的优质频道，但很多人不知道这些优秀内容的存在，因此，他们需要开设各类新媒体账号，将自己的优质内容宣传出去，让更多观众感兴趣，从而提升收视率和增值业务的订阅量。他们称此举为"推动小屏转大屏"，这里的"小屏"指手机，"大屏"指电视。连传统媒体都要打造新媒体阵地，何况其他行业呢？

第二，流量的分配机制决定了内容创作模式。

以官方宣传片为例，无论是城市宣传片，还是企业广告片，一般都有着优质的画面、专业的拍摄手法，甚至有专业演员出镜，但是，我们很少在新媒体平台上刷到这类作品。为什么？因为如果宣传片无法引起受众的兴趣，一出现就会被划走，平台是不会主动把这种"惹人嫌"的内容推荐给更多受众的。

如今，算法推荐成为数字时代的标配，应用于互联网的各领域。新媒体平台几乎都会在流量的分配机制中加入算法，只有被算法"选中"的内容，才有机会被更多的人看到。搞定了算法，即使是零粉丝的"素人"，也有机会一夜爆红；反之，不关注算法规则，即使是国际大牌发布的内容，也可能关注者寥寥。**算法之下，人人平等，沉浸于"自嗨"的官方宣传根本没有机会。**算法主导的流量分配机制，决定了内容创作的模式。

有一次，某大企业的学员向我吐槽："傅老师，我发现一个很'扎心'的现象，越是我精心制作的视频，浏览量越低，这是为什么？"

我打开他说的视频一看，确实非常精美，有高级的片头、精致的片尾、清晰的画质、专业的配音，还有满屏的"高大上"的广告，从视频的质量上来说，完全没问题。我问他："如果你是受众，刷到这个视频，你会停下来看多少秒？"

他回答："我不会看。其实若不是工作需要，我根本不想做这种视频。"

官宣
如何做官方宣传

我继续问:"你自己都不会看?那你觉得聪明的算法会怎么对待它?"

他回答:"估计不会推荐给很多人吧。"

看,大家都懂,但就是不肯正视这个现实。如果我们做的内容只专注于展示自己,不考虑如何吸引受众,怎么会有好的宣传效果呢?很多甲方恨不得整个宣传视频都是广告,不仅如此,还要在片头、片尾、正片的角落放上醒目的Logo(标志),殊不知这样只会让受众更快地失去兴趣!

抖音针对视频作品设置了一个数据指标,叫作"5秒完播率",记录看完视频前5秒的人数占整体观看人数的比例。如果大多数受众连5秒都看不下去,平台大概率不会继续给予流量。很多传统宣传视频,前5秒在播放毫无意义的片头,或者直接开始介绍自己的产品,受众看一两秒就划走了,5秒完播率必然非常糟糕。

想要获取平台的流量,必须关注平台流量的分配机制。宣传内容不必追求"高大上",不能只顾自己,而是要以受众为中心,留住受众。

很多人喜欢看泰国广告。

为什么泰国广告这么受欢迎?因为泰国广告在介绍产品方面非常克制。泰国广告一般会先讲一个精彩的剧情故事,再在故事的最后植入一段一般不超过5秒的广告。有时,产品和剧情结合得很好;有时,产品和剧情毫无关系,完全是神转折,但即便如此,受众也不会反感,反而津津乐道。

第三,流量的成本决定了运营方式。

流量分为两类,免费流量和付费流量。

如果想要获取免费流量,我们需要持续运营新媒体账号,比如运营一个有意思的抖音号,或者像雷军、董明珠等企业家一样打造自己的个人IP,通过分享优质的内容和话题为自己争取源源不断的免费流量。获取免费流量,需要创作大量受众感兴趣的内容,并且树立、保持特别的人设,对新媒体运营能力的要求很高。

如果想要持续使用付费流量,我们需要考虑资金的投入产出比。有的企业会选择在抖音上投放广告进行转化,如果企业的产品有足够的利润率,且转化效率高,便可以持续投放广告，不需要辛辛苦苦地创作内容、运营新媒体账号。

我有一些做电商的学员，他们的产品的品质、供应链、利润率都非常不错，很适合做投放。他们入驻抖音，零粉丝开直播，完全使用付费流量，也有着相当不错的利润。2020年前后，他们中的很多人依靠抖音"闷声发大财"。但是，好景不长，2022年，同样的行为开始亏钱，因为抖音上的竞争对手多了，平台的流量成本高了，付费流量的利润空间小了。假如过去的投放成本是15%，产品的利润率是30%，付费流量"真香"；当投放成本变成了30%，而产品的利润率在同行内卷下不到30%了，使用付费流量完全是贴钱给平台"打工"。

可见，流量的成本决定了运营方式。

2023年以来，很多企业非常重视对私域流量的经营，我的客户中，中国电信、中国移动、中国邮政、中国石油，以及大量银行、证券、保险企业都在这方面下足了功夫，投入了巨大的成本，我有幸陪伴很多企业在这条路上摸索出了自己的经营方法，培养了大批私域运营人才。为什么他们要经营私域流量？因为不这么做不行啊。免费流量不会获取，付费流量买不起，只能踏踏实实地把海量的存量客户经营好，追求"细水长流"。

以中石油为例。中石油在线下与线上销售着大量的非石油产品，他们的产品来源正规，质量可靠，且为了让利给消费者，利润率并不高。如果要购买流量，他们的利润连投流成本都覆盖不了。在这种情况下，他们选择做好线下门店导流，让员工精心运营企业微信与社群，用好的服务换取低成本的流量。

流量深刻地改变着传统宣传模式，而且这个趋势将持续下去。在这个时代，**宣传的最大痛点是缺少流量，最大机会是搞定流量**。谁能够做好流量的获取与转化，谁就是有竞争力的稀缺人才。

那么，流量从哪儿来？现在的宣传渠道太多了！有传统的线下渠道，也有不断涌现的线上渠道。线上渠道中，有的平台已经逐步失势，如贴吧、部分门户网站，但不断有如日中天的短视频平台、直播平台在崛起。哪些渠道要重视？哪些渠道不值得浪费精力？很多宣传人搞不清楚。

所有渠道，均可被分入 3 张"网"——天网、地网和人网。"天网"流量以互联网流量为主，构建"天网"的目的是促进传播；"地网"流量以线下流量为主，构建"地网"的目的是促进体验和转化；"人网"流量以社交流量为主，构建"人网"的目的是积累口碑和促进分享。流量分散的时代，倒逼我们形成流量闭环，打造"天网""地网""人网"融合的"三网合一"宣传矩阵。

很多宣传主体因为打通了流量闭环，获得了巨大的流量。从"淄博烧烤"到"甘肃天水麻辣烫"，从"酱香拿铁"到"国潮崛起"，只要接住了流量，就接住了这"泼天的富贵"……

成功打造"三网合一"的宣传矩阵，等于抓住线上+线下、公域+私域、内容+社交、留存+裂变的全域流量，实现宣传的全方位覆盖。

1.2 天网：打造网络矩阵，掌握流量制空权

"天网"流量以互联网流量为主，在宣传中扮演着越来越重要的角色。为什么？因为互联网占据了人们绝大多数的注意力。如今，我们的工作、生活、娱乐都与互联网有关，出门忘了带钥匙不紧张，忘了带钱包不紧张，但是忘了带手机会很紧张，就算带了手机，只要手机电量不足，立刻倍感焦虑。

QuestMobile（北京贵士信息科技有限公司，是中国专业的移动互联网商业智能服务商）的报告显示，截至2023年12月，中国移动互联网用户规模达到12.27亿，且仍在稳步提升中，全年增速保持在2%以上；"60后""70后""80后""90后""00后"这5个年龄代际分别占比19%、19.4%、20.4%、18.5%、12.4%，其中，"00后"和"60后"的用户占比在提升；中国移动互联网用户每天平均上网时间为5.66小时，每天平均使用移动互联网次数为86次左右，每月人均使用APP的数量达到27个。

以上数据表明，市场已经进入相对成熟和饱和的阶段，随着我国人口红利的衰减，网民的数量和上网的时间几乎见顶，互联网流量的增量空间十分有限。受众的注意力是有限的，谁能抢占更多的注意力，谁就掌握了宣传的主动权，这意味着竞争焦点已经从流量的"跑马圈地"转向深度挖掘存量用户的价值。

尽管互联网流量趋于饱和，但是流量分布并不平均，不同的互联网终端平台之

间竞争激烈。此外，随着智能设备的发展，流量的分布正在悄然发生变化……

了解互联网流量，要把握以下三大趋势。

第一，移动端多渠道流量运营与大屏结合，形成当前的全景生态。智能手机的普及，带领用户将互联网使用习惯从 PC 端转向移动端，各大 APP 成为移动互联网流量的聚集地；智能电视的快速发展，导致 IPTV、OTT 的市场份额不断扩大，流量呈现多元化发展趋势。OTT 端，第二增长曲线已经成型，家庭大屏、车载智慧屏等设备的流量持续加速增长，截至 2023 年 5 月，智能设备行业总体月活用户规模（以月为单位，活跃的用户量）达 3.54 亿，其中，智能家居月活用户规模达 2.64 亿，同比增长 22.3%；智能穿戴月活用户规模达 1.21 亿，同比增长 11.2%；智能汽车月活用户规模达 0.58 亿，同比增长 55.9%（各项目月活用户有重合）。

> **小贴士**
>
> IPTV，即交互式网络电视，是一种利用宽带有线电视网，集互联网、多媒体、通信等多种技术于一体，向家庭用户提供包括数字电视在内的多种交互式服务的崭新技术。
>
> OTT 是 Over The Top 的缩写，指通过互联网向用户提供各种应用服务。
>
> 简单来说，IPTV 信号通过专网传输，用户需要购买运营商盒子或宽带；OTT 在公网上，连接家庭 Wi-Fi 即可，不需要使用机顶盒。

PC 时代：以电脑为载体，网页浏览器为流量主要入口。

移动时代：以独立 APP 流量、小程序生态平台流量、H5/ 移动网页流量为主要流量。

多屏时代：以智能大屏（OTT/IPTV）流量、智能家电 / 穿戴流量、车载智能屏流量为主要流量。企业要用多元化的宣传投放形式，扩大用户触达面。

第二，在互联网流量"存量博弈"的时代，小程序正成为重要的引流工具。很多人对小程序的印象还停留在微信小程序阶段，实际上，支付宝、抖音等平台都有小程序。通过小程序，可以在这些平台上完成打车、订票、手机充值、看剧等各种操作。

目前，小程序的月活用户规模从大到小排名为微信小程序（超 9 亿）、支付宝小程序（超 6 亿）、百度智能小程序（超 3 亿）、抖音小程序（超 2 亿）。

第三，线上渠道是官方宣传、品牌推广、市场营销的主战场，承载了绝大多数流量。 抖音的月活用户规模超 7 亿，微博的月活用户规模为 5 亿左右，快手的月活用户规模约 5 亿，哔哩哔哩的月活用户规模超 3 亿，小红书的月活用户规模约 3 亿……这要求企业搭建账号矩阵，让不同平台的特点或调性互补。

相较于线下渠道的流量，线上渠道的流量是成本较低的流量。传统渠道的优质广告位多被大品牌占据，小品牌因为资金问题，多处于宣传的弱势地位。在新媒体平台上，小品牌即使一分钱不花，也有机会获得惊人的宣传效果；大公司投入巨多，也未必能够获得理想的宣传效果，这就是"天网"。

图文、视频、直播是目前"天网"中最重要的 3 个模块。图文是基础，视频是放大器，直播是试金石。

1. 图文是基础

图文，即图片与文案，这两种素材独立使用、配合使用，或发散使用，可以覆盖绝大多数多媒体宣传形式——文字转化为语音便形成了音频，文字与图片经过美工设计可以制作成宣传海报，基于图文可以制作短视频，让主播对图文进行呈现便是直播的一部分……图文在官方宣传中是不可或缺的存在，图文编辑与发布技能是宣传人的基本技能。

2. 视频是放大器

视频的视听冲击力强、体验感好，目前的宣传使用频率非常高。

官宣
如何做官方宣传

短视频是最具性价比的传播形式，我们以前写文章，一篇文章达到10万阅读量就被称为爆款文章，百万级、千万级阅读量的文章属于超级爆款文章，我从2016年开始运营自媒体账号，在头条号、百家号、微博等平台日更3年，累计获得8个亿的阅读量，在图文自媒体平台上算是有相当大的曝光量，但是在短视频平台上，爆款视频的播放量以百万、千万计，超级爆款视频可以达到上亿的播放量，其传播力度比图文可观。

3. 直播是试金石

直播成功与否，不在于观看人数的多少，而在于转化率的高低。一个视频可能有上百万的围观者，但是未必有很多愿意付费的精准用户，直播的流量没那么大，但是可以做到"品效合一"，即品宣和销售同时完成。过去的媒体宣传，做广告就是做广告，销售是滞后的，传播和购买是分开的。如今在直播间，看中商品可以立刻下单，所见即所得，宣传和销售合二为一，传播和购买合二为一，极大地提升了流量变现的效率。

如果你想要测试真实的影响力、想要验证粉丝的黏性、想要看看产品的受欢迎程度，开一场直播就知道了。如果一场不够，那就多开几场。

"天网"流量是看不见的、无处不在的、覆盖面最广的流量。"天网"的构建核心是解决传播的问题，让更多的人知道我们。如果我们没有让受众在互联网上看到我们，便丢失了最大的传播阵地。

抓住"天网"流量，是有机会快速崛起的。"天网"就好像一个杠杆，只要用得好，得到一个小小的机会，就能撬动全网的流量。

文旅行业的宣传向来重视新媒体流量，有众多成功案例。2023年冬天，哈尔滨旅游爆火，随后，各地文旅局"各显神通"，为了借势宣传进行了"花式揽客大战"，吸引了众多网友关注。

仅2024年1月1日至1月15日的半个月时间，河南省文化和旅游厅抖音账号涨粉超百万、河北文旅抖音账号涨粉 70 余万、四川文旅抖音账号涨粉 45.7 万、重庆文旅抖音账号涨粉 40 余万、山西文旅抖音账号涨粉 27.1 万、江西文旅抖音账号涨粉 25.7 万、安徽文旅抖音账号涨粉 23.5 万……竞争十分激烈。各地文旅局齐上阵，带动了大家的旅游热情，为各地文旅发展打下了流量基础。

"天网"除了在获取流量方面给了宣传人逆袭的机会，还为宣传人的职业发展提供了前所未有的"弯道超车"的机会，如果宣传人具备持续获取"天网"流量的能力，前途一片光明，因为各行各业实在太缺这样的人才了。

1.3 地网：激活线下宣传，提升体验与转化

"地网"流量以线下流量为主，门店宣传、地推、行销等都属于"地网"宣传。在互联网出现之前，线下流量是最主要的流量。时至今日，很多人说起"做生意"的第一反应还是开个线下店，可见人们对线下流量的重视是多么根深蒂固。

此外，经销商获客、电话销售、短信营销、邮件营销等传统模式，也可以归入"地网"。

在互联网的冲击下，"地网"流量一直在走下坡路。为什么很多企业要做数字化转型？大多数是被逼的，过往渠道每况愈下，必须拥抱未来。

中国移动作为全国最大的移动通信运营商，拥有用户超过12亿。我和中国移动有非常多的合作项目，在短视频、直播与企业微信运营方面的合作尤其深入，为其培训了大量的数字化人才。

为什么中国移动这么重视数字化人才？原因之一是渠道的变更。中国移动曾经最有效的客户触达手段是电话宣传、短信宣传和营业厅宣传，但是如今很多人电话不接、短信不看，（营业厅）进店率更是低得可怜，传统的宣传方式难以为继，倒逼他们不断拓展新的宣传渠道。

为什么中国移动总是走在创新的前沿？为什么移动员工在面对新技术时总是极

具前瞻思维与拼搏精神？一定程度上是被逼的。

"地网"式微，还有必要关注吗？答案是"有必要"，而且非常重要！

"地网"的最主要功能是提升体验和转化，尤其是对高客单价、交互感强、信任度强的产品来说，特别需要借助"地网"完成宣传的"最后一公里"。房产、汽车、金融、生活服务（餐饮、教育培训、体育服务、医疗服务等）等行业的宣传，**大多通过"天网"和"人网"实现"让别人知道我们"，通过"地网"实现体验和转化。**

构建"地网"，需要我们关注用户的体验，提升服务标准与服务满意度。用户的体验既包括售前的体验，又包括售后的体验，好的体验是用户在"人网"中分享的最直接的动力来源之一。

"地网"宣传中，很多老套的宣传方式已经开始令广大受众审美疲劳，甚至容易招致受众反感。**当代"地网"怎么构建？必须有创意，结合"天网"和"人网"，增加胜算。**

"三网合一"强调的不是渠道之间的较量，而是不同渠道要做组合、打配合。

总结起来，是一个公式：创意"地网"+"天网"造势+"人网"分享＝三网合一。即有创意的"地网"宣传，需要结合"天网"造势，尽最大努力扩大传播范围，同时结合"人网"进行社交分享，带动附近的精准受众。

"地网"的具体宣传方法与案例，我们将在第 7 章详细介绍。

1.4 人网：引爆社交口碑，实现裂变与分享

"人网"流量以社交流量为主，既包括线下的口口相传，又包括线上社交。随着社交媒体的普及，线上社交的重要性日益凸显。如今做宣传策划，线上社交的影响是必须要加以考虑的。

社交无处不在。人们看到喜欢的东西、获得超值的体验，或者情绪被调动时，很可能会分享到朋友圈、聊天群里，甚至定向分享给自己的好友，这就产生了社交传播。

人是群居动物，社交传播达到一定量级，可能会产生爆发式增长。什么是爆发式增长？举个例子，有一个人说你好，可能带来3个客户，而有一万个人说你好，带来的可能是一百万、一千万个客户。增长不是线性的，而是指数级的，因为有"从众效应"在起作用。为什么很多门店要把自己打造成网红门店？因为成为网红门店，很容易引爆社交流量。

注意，如果一家门店通过使用各种宣传手段把自己打造为网红门店，可消费者体验以后感觉很失望，口碑下降，网红门店终会成为尽人皆知的"坑店"。**长期来看，优良口碑是"人网"流量起正向作用的保障。**

口碑好了，用户就会自发地分享、宣传吗？不一定，想要让用户自发地分享、

第 1 章
官方宣传新时代

宣传，需要给用户动力。

在什么情况下，用户会自发地为我们分享、宣传？

很多人有帮朋友在拼多多"砍一刀"的经历。很多人刚开始瞧不起拼多多，用过之后发现"真香"。拼多多是一个评价两极分化的电商平台，爱它的人爱得很，瞧不起它的人从来不用它。这很正常，**成功的宣传和营销从来不是让所有人都喜欢某事物，只要有一部分人喜欢并且持续喜欢，就是商业上的成功。**

拼多多创立不到 3 年便上市了，它用 3 年时间走完了阿里巴巴、京东用 10 年时间走的路，而且是在有强劲对手的情况下。拼多多的宣传案例非常值得研究，因为它体现了"人网"宣传的威力。

回顾拼多多的崛起之路，用户想要在拼多多上获得更大的优惠，需要将商品分享给好友，让好友和自己拼团，或者帮自己完成一些操作，比如"砍一刀"——拼多多借助社交流量，完成了几乎覆盖全民的宣传推广，将部分人群成功转化为拼多多的忠实用户。

拼多多让用户分享、宣传的核心举措就是给物质奖励。用户想要获得奖励，就必须完成分享任务，帮助拼多多实现裂变分享的目的。

除了给物质奖励，引发社交传播的另一大利器是给用户精神爽点。

什么叫精神爽点？就是让用户感到兴奋或者产生共鸣，是一种精神上的奖励。记住，**用户不会主动分享某产品，不会主动分享某服务，只会主动分享他的优越感、他的高光时刻、他的情绪和感受，这些用户会主动分享的内容，就是宣传人要设计的精神爽点。**

2023 年，喜茶联手高级奢侈品品牌 FENDI 推出"FENDI 喜悦黄"特调及周边，瞬间引爆各大社交平台，上线 3 天便卖出 150 余万杯。"人生中第一件 FENDI 是喜茶给的""二十岁，全款拿下 FENDI 联名""这是我离 FENDI 最近的一次"等话题在各大社交平台刷屏，连雷军都发动态表示自己也喝了一杯 FENDI 联名的喜茶。

让普通的茶饮变成象征更高档次的"奢侈品"，自然会带来极具社交属性的热门话题，挑起情绪狂欢，为用户提供极好的精神爽点。后来，瑞幸与茅台联名推出"酱香拿铁"的成功，与该案例有相同的原理。

总结一下，**"人网"传播的重点是口碑和分享**。正如现代营销学之父菲利普·科特勒所言，营销4.0时代，是以构建深度关系为主的品牌塑造时代。谁能掌握"人网"，谁就能玩转流量。

关于"人网"的具体宣传应用，本书还会介绍更详细的策划与实施方法，读者可以直接翻到第8章阅读。

通过对第1章的学习，我们充分了解了"三网合一"的全域流量渠道，读者可以从"天网""地网""人网"这3个方向入手审视自己的宣传行为，对不同的渠道做组合，建立渠道配合，打造流量闭环，构建"三网合一"的核心优势。

第 2 章

成为 AI 创作高手

各时代的真正高手，几乎都有同一个特点——既懂得如何驱动自己持续地努力和积累，又懂得如何借助社会发展和科技进步的趋势放大自己的努力成果。所有这些取得重大成就的真正高手，都有一个共同的努力技巧，即在风口和重大机遇来临时迅速响应，利用过去所有的积累，迅速上台阶。这就是借势！

如今，有一个重大机遇摆在所有人的面前，它就是 AI，全称为 Artificial Intelligence，意为人工智能。

2022 年 11 月 30 日，OpenAI（美国人工智能研究公司）发布 ChatGPT。ChatGPT 全称为 Chat Generative Pre-trained Transformer，是人工智能技术驱动的自然语言处理工具，不仅能够基于在预训练阶段所见的模式和统计规律生成回答，还能根据聊天的上下文进行互动，真正像人类一样聊天、交流，甚至能完成撰写论文、邮件、脚本、文案、翻译、代码等任务。ChatGPT 一经发布，即在全球引起轰动，全球立刻掀起了一股 AI 开发与应用的热潮，我国的众多大厂（一般指大型互联网企业）与科技企业纷纷入局开发 AI 产品。

从了解到尝试，从学习到应用，各行各业都在探索如何用 AI 赋能工作与生活。AI 也许会成为推动第四次工业革命的核心力量，这令无数人欢呼，也令无数人焦虑，总体上，大众已形成一个共识，即**"AI 不会取代人，只会淘汰那些不会使用 AI 的人"**。

AI 的应用范围非常广,在各种关键技术的不断积累和突破下,AIGC 飞速发展。

什么是 AIGC？AIGC 全称为 Artificial Intelligence Generated Content,意为生成式人工智能,指基于生成对抗网络、大型预训练模型等人工智能的技术方法。通过对已有数据的学习和识别,以适当的泛化能力生成相关内容的技术,是人工智能 1.0 时代进入 2.0 时代的标志性技术。

简言之,AIGC 技术的使用核心是利用人工智能算法生成具有一定创意和质量的内容。通过对训练模型和大量数据的学习,AIGC 可以根据输入的条件或指令,生成与之相关的文章、图像、音频等内容。这对宣传而言,无疑是历史性的机遇。AIGC 的生态系统包括算力层、模型层和应用层三大层面,本书聚焦应用层。

2.1 AIGC 应用洞察

AIGC 主要发力于大模型市场，聚焦于通用大模型和行业大模型的共同发展。现阶段，AIGC 已初步支持多内容形式之间的相互转换，即文本、图片、音频、视频之间的相互转换，这使得更多的内容形式得以"大展身手"。AIGC 在内容生成、信息处理、智能助手、数字代理等方向的应用在不断延伸，那么，问题来了，这么多 AI 大模型，我们到底应该使用哪个呢？

答案是"没有答案"，而且永远不会有标准答案。

我们必须用发展的眼光看待人工智能，AI 大模型正在快速发展，没有绝对的赢家，越来越多细分领域的 AI 大模型会不断地被推出，我们要带着好奇心，多多尝试，早日用上"趁手的兵器"。

科技优势不是一日形成的，有技术壁垒和用户规模优势的 AI 大模型大概率会持续占据优势，并大概率在发展速度上"遥遥领先"。因此，我对现阶段有发展优势的主要 AI 大模型进行了盘点，见表 2-1，读者可以选择使用。

第 2 章 成为 AI 创作高手

表 2-1 AI 大模型盘点

内容形式	核心功能	优势 AI 大模型
文本	对话式生成	ChatGPT、文心一言、通义千问、智谱清言、讯飞星火、豆包等
图片	文生图、图片理解	文心一格、智谱清言、Midjourney、Vega AI 等
视频	文生视频、图生视频	Sora、央视听媒体大模型、腾讯智影、Pika、闪剪等
音频	语音交互、生成语音、配音等	ChatGPT、微软 TTS、MotionSound、腾讯智影、通义听悟等
AI 数字人	制作数字人、制作虚拟人	腾讯智影、闪剪、小冰数字人等

相较于音频、视频，生成文本的 AI 大模型技术最成熟、成本最低、应用最广泛。

如今，用户的 AI 大模型应用水平有"两极分化"的特征，会用 AI 大模型的人已经能够借此解决百分之八九十的问题，不会用 AI 大模型的人甚至还未进行过体验。

同样的一个工具，到底是"人工智能"还是"人工智障"，取决于使用者的使用能力。本章，我将重点围绕生成文本的 AI 大模型进行深入讲解，生成其他形式的内容的 AI 大模型放在第 3 章进行讲解。

> **小贴士**
>
> AIGC 是 AI 的重要组成部分，专注于通过模仿人类的创造力和表达能力生成各种形式的内容，如文本、图像、视频等。
>
> 生活与工作中，多数人习惯使用"AI 生成""AI 创作""AI 提问"等说法，故后续内容中我们沿用常用说法，非特殊情况，不特别提及"AIGC"。

2.2 AI 提问原理

如果使用 AI 有段位——

"青铜"段位，把 AI 当成陌生人。使用 AI，就好像向陌生人问路一样，怀着试试看的心态，对话很简单，交流不深入，问完就转身离开，下次见面还是陌生人。

"黄金"段位，把 AI 当成老师傅。觉得 AI 很厉害，遇到问题就向它求助，它给出的答案到底怎么样，不太清楚。

"王者"段位，把 AI 当成优秀的新员工。AI 博学强知，学习能力极强，情绪稳定，但是缺乏岗位经验，通过不断地锻炼它、指导它，可以把它训练成得力的助手。

3 种段位，你是哪一种？

为什么所属段位不同会有如此巨大的差别？本质原因是不同人对 AI 的理解不同。有人体验过 AI 后评价道："AI 不过如此，生成的答案根本不是我想要的，纯属胡说八道！"也有人体验过 AI 后惊叹道："太神奇了，完全颠覆了我的认知，我觉得自己要失业了！"这两种极端的声音目前都大量存在，实际上，AI 遇强则强，在掌握了使用它的方法的人手里，它能够发挥巨大的威力；在未掌握使用它的方法的人手里，它往往是个"鸡肋"。本质上，**AI 只是工具，使用者的驾驭能力高低才是其发挥作用大小的关键。**

想要驾驭 AI，必须学会 AI 提问，让 AI 了解我们的需求、明白我们的意思、清楚我们的标准。

百度的文心一言官方提供了一个 AI 提问万能公式，如下。

一条优秀的指令（词）= 根据 ××（参考信息）+ 完成 ××（动作）+ 达成 ××（目标）+ 满足 ××（要求）。

这 4 个要素基本能够让 AI 明白我们的需求，并给出正确的答案。

"参考信息"指能够帮助 AI 完成任务的背景介绍和相关材料，如范本、格式要求、参考文献、数据库、往年材料等。

"动作"指需要 AI 帮助做的事情，如回答、生成、撰写、归纳等。

"目标"指需要 AI 生成的内容，如文章、答案、方案、图片、视频、图表、思维导图等。

"要求"指需要 AI 满足的细节标准，如用 ×× 口吻撰写、按 ×× 模型的结构表达等。

使用这个公式，可以解决绝大多数问题。很多读者会发现，不仅是 AI 提问，这个公式在职场中也很实用——领导给下属布置任务时使用这个公式是不是特别好？与同事沟通时使用这个公式是不是特别好？向他人求助时使用这个公式是不是特别好？这哪是 AI 提问万能公式啊，这分明是一种思维模式！

我对不同的提问方式有诸多了解，经常有粉丝问我一些非常宽泛的问题，比如："我们公司应该如何做新媒体宣传？"我对你们公司一无所知，对你们的新媒体工作现状也不了解，如何回答？但凡是个负责任的人，就不会针对这种问题轻易地给出答案。

提问是一项技术，而且是一项值得终身修炼的技术。

我们需要 AI 写一首诗时，假如提问："能否帮我写一首诗？"AI 完全不知道我们要写什么诗、用在什么地方、想要什么风格，以及对主题、情感等有没有要求。如果在这些信息统统不知道的情况下，AI 能写出正好合意的诗，纯属使用者的运气好。

按照公式，我们可以这样写指令：请以李白的口吻，在面对高山与日出的环境

官宣
如何做官方宣传

中,撰写一首赞叹山河壮丽,且借景抒情、表明自己的远大志向的七言绝句,必须完善满足七言绝句的格律要求。

根据这个指令,文心一言写的诗如下。

观日

日破东山紫气浮,

万峰开霁壮心留。

欲攀绝顶乘风去,

直上青天揽九州。

怎么样?非常不错吧?

记住,**你让 AI 无中生有,AI 只能胡说八道;你对 AI 严格教导,AI 才会善解人意。**

在提问的过程中,我们要尽可能地把需求描述清楚,宁可啰唆一点,也不要使用模棱两可、似是而非的指令,以便 AI 理解我们的真实意图。实际工作中,很多任务是有具体要求的,我们可以直接使用具体要求为指令。如今,各 AI 大模型都在提高指令位置支持输入的字数上限,甚至有的 AI 大模型已经支持 200 万字的指令输入,AI 都不怕麻烦,提问者更不要怕麻烦。

展示一个撰写小红书笔记的任务的指令,供大家参考。

请以小红书笔记的风格,按照以下要求帮我为"电信宽带"写一篇小红书"种草"笔记,具体要求如下。

1. 要有标题、正文。

2. 标题的要求:不超过 20 个字,尽量简短、精练,让人一看就产生好奇心。

3. 正文分段,每段前加表情,醒目标注,层次分明。

4. 要加入小红书热门笔记常用的词语,如"家人们谁懂啊""绝绝子"等。

5. 整篇笔记不要超过 300 个字。

6. 笔记结尾带关键词,用"#"分隔。

2.3 AI 提问五大模式

我给很多企业员工培训过如何使用 AI 办公，在培训中，我经常要求学员结合自己的实际工作场景进行实操。实操过程中，很多学员发现，使用 AI 提问万能公式，只是基本能和 AI 大模型在同一个频道交流了，在不同的场景中，面对不同的任务，AI 提问还需要掌握很多技巧。

这时候，我便会介绍如图 2-1 所示的 AI 提问矩阵模型，指导学员通过完成"思路"及"要求"两个维度的预估，在 5 种提问模式中做选择。

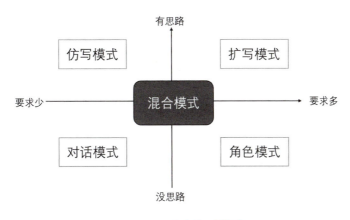

图 2-1　AI 提问矩阵模型

> **官宣**
> 如何做官方宣传

如图 2-1 所示,提问前需要考虑两点。

其一是"有没有思路"。我们能告诉 AI 从哪些角度入手进行思考、先干什么后干什么、按照什么步骤进行,就算有思路。根据是否有思路,我们建立纵轴,上方代表有思路,下方代表没思路。

其二是"要求多不多",即是让 AI 以自由发挥为主,还是需要 AI 满足我们的明确要求。根据要求量,我们建立横轴,右边代表要求多,左边代表要求少。

纵轴与横轴分出了 4 个象限,分别代表 4 种提问模式。

有思路,要求多,建议使用扩写模式。

有思路,要求少,建议使用仿写模式。

没思路,要求少,建议使用对话模式。

没思路,要求多,建议使用角色模式。

综合使用两种或两种以上模式时,可以归为使用混合模式。无论是哪种情况,5 种提问模式,可以应对几乎所有任务。

一 扩写模式

当我们有非常清晰的思路,并且能够把要求描述得很清楚时,可以把 AI 变成真正的"小助手"。我们告诉 AI 内容框架,让 AI 帮我们完成细节填充和格式调整,这就是扩写模式。扩写模式生成的内容准确度高,能极大地帮我们节约时间、提高效率。

有一次,我给东风德纳车桥有限公司的员工培训短视频制作,有一个学员想把一个客户案例拍成短视频,但是他不善言辞,不知道怎么讲故事比较精彩,于是,我指导他向 AI 提问,用扩写模式生成短视频脚本。

指令如下。

我要写一个客户故事,主题是"我在沙漠里汽车抛锚后被一家服务站解救",故事中,我是一位卡车司机,我开车在沙漠里抛锚后叫天不应、叫地不灵,百般无奈之际,我联系了东风德纳车桥有限公司的服务站,他们努力帮我修车,挽救了一车水果。要突出救援的不易,行文口语化。注意,用卡车司机的口吻行文,不要太官方,要感人,要真诚。字数为300字左右。

AI根据以上指令生成的答案如下。

那天,我开着满载水果的卡车在沙漠里驰行,谁知道车子突然抛锚了。那地方前不着村、后不着店,真是叫天不应、叫地不灵。太阳火辣辣地照着,我心急如焚。

我尝试了很久也没修好车,百般无奈之际,我想起这辆车的车桥是由东风德纳车桥有限公司提供的,据说他们的售后服务很好,服务站遍布全国。我抱着试试看的态度打通了东风德纳车桥有限公司的电话,没想到他们立刻帮我联系好了服务站,说马上赶来维修。没过多久,维修人员就赶来了,几个小伙子满头大汗,二话不说,开始帮我修车。沙漠里条件艰苦,工具不全,但他们毫无怨言,修了好几个小时,终于把车修好了。看着他们满是油污的脸,我感激得不知道该说什么好。

车子重新启动的那一刻,我激动得差点哭出来。他们不仅救了我的车,还救了我这一车的水果!东风德纳车桥服务站的小伙子们,真是太感谢你们了!你们的服务精神,真的让我感动!

学员对这个短视频脚本表示非常满意,一个字都没改就直接使用,拍摄了短视频。该学员说:"以前拍短视频,总是不会写脚本,以后只要告诉AI大概情节,它就能帮我把完整的脚本写出来,而且写得比我好,拍短视频不用愁了!"

不需要任何文采,只要我们把内容大纲告诉AI,它就能帮我们完成文案撰写工作,简直太轻松了。

扩写模式适用于写故事、写案例、写文章、写报告、写脚本等任务。我非常喜欢使用扩写模式,把很多有固定标准的工作交给AI完成,大大节省了我的时间。第一次使用可能会因为不熟练费些工夫,但相信我,效率会越来越高的。

想要发挥扩写模式的威力,需要我们给出高质量的主体框架。如果我们自己的

官宣
如何做官方宣传

逻辑都不清晰，AI很难生成高质量的内容。掌握一些常用的思考模型/工具、策略模型/工具、管理模型/工具，辅以AI的生成能力，我们能更轻松地获得有高度、高质量的内容。

我们需要掌握哪些模型及工具呢？本书为大家梳理了以下常用模型、工具。

问题分析与解决方面：5why分析法、八何分析法、As Is/To Be模型、逻辑树分析法、4M1E法、鱼骨分析法、丰田工作法、8D分析法、麦肯锡七步成诗法、DMAIC模型、PEST分析模型、SWOT分析法、SPACE矩阵、RFM模型、同理心地图、用户体验地图、价值链分析方法、VRIO模型、麦肯锡7S模型、BLM模型、杨三角模型、波特五力模型、通用矩阵法、4P营销模型、4C营销模型等。

思考方面：曼陀罗思考法、奥斯本检核表法、奔驰法（SCAMPER）、焦点呈现法（ORID）、六顶思考帽、黄金圈法则、HooK上瘾模型、福格行为模型、冰山模型、NLP逻辑思维层次等。

策略方面：KANO模型、波士顿矩阵、安索夫矩阵、SMART原则、平衡计分卡（BSC）、目标与关键成果法（OKR）、AARRR模型、消费理论模型（AIDMA）、AISAS模式、商业画布、精益画布等。

管理方面：艾森豪威尔矩阵、RACI模型、肯尼芬框架、PDCA循环、吉尔伯特行为工程模型、复盘四步法、情境领导理论、布鲁斯·塔克曼的团队发展阶段模型、丹尼森组织文化模型、人才九宫格、达克效应、GROW模型、乔哈里视窗、SCQA模型、STAR模型、马斯洛需求层次理论、双因素理论、科特变革模型、U型理论等。

以上模型、工具的具体用法已收录在本书的配套资料包里，读者可自行查阅。

仿写模式

在我们有思路，知道自己要什么，但是无法清晰地描述具体要求的时候，最好的选择是使用仿写模式，给AI提供可参考的范例，AI会自动理解隐含在范例中的要求。

使用仿写模式，我们可以轻松地实现"既知其然，又知其所以然"。生活中，我们很容易识别好文章，但是好在哪里，未必讲得出来。有了 AI 的加持，他人的优秀经验，我们可以轻松获取。

举个例子，我要写爆款标题，可以先使用搜索引擎收集 50 个优秀标题，"投喂"给 AI，让 AI 拆解、总结这些优秀标题的规律，再让 AI 根据这些规律，帮我们写其他主题的爆款标题。

这种模式非常实用，让拆解和仿写都变得极其简单。

更神奇的是，针对很多内容，不需要走拆解流程。例如，让 AI 模仿李白写诗、用金庸的风格写小说等，因为 AI 在预训练时就已经知道李白和金庸的风格，所以我们提出仿写要求后，AI 可以直接行动（倘若 AI 不知道李白和金庸的风格，就要先"投喂"资料供它学习）。

有读者问，我怎么知道 AI 知不知道李白的风格？我们可以问 AI 啊，比如提问："你知道诗人李白吗？你能用李白的风格写诗吗？"确认工作非常重要，很多人评价 AI 生成的答案是"胡说八道"，大概率是 AI 的理解和我们的理解存在偏差导致的。和 AI 沟通，要多确认、多互通信息，这与现实生活中的人际沟通是一致的。

对话模式

当我们既没有思路，又说不清楚要求时，可以尝试使用对话模式与 AI 沟通，即根据 AI 生成的内容，逐步补充要求，本来没有想明白的需求大概率会在对话过程中慢慢明确。

对话模式常用来进行头脑风暴、资料收集、灵感获取，帮助我们快速行动，告别拖延症。因为对话模式中的指令比较简单，往往无法一次性生成满意的内容，所以我们通常需要与 AI 进行连续对话。

使用对话模式与AI沟通，不需要有任何压力。

想不到好的指令也没关系，直接开始对话吧，把AI当成一个朋友，把你的困惑、你的想法、你的纠结全部告诉它，它会非常耐心地和你探讨，不会嫌弃你，不会厌烦你，会一次次地用认真的态度对待你，直到你满意。

如果连开启对话的指令都不知道应该怎么组织，怎么办？很多平台为用户整理了指令模板，这些指令模板都不复杂，大家可以找到和自己的任务比较接近的内容，单击，开启对话。

文心一言中，有"一言百宝箱"，以场景和职业为分类标的，收录了大量指令模板，如图2-2所示。

图2-2 文心一言的"一言百宝箱"界面

讯飞星火中，有"星火助手"，针对常见的使用场景提供指令模板，如图2-3所示。

图 2-3　讯飞星火的"星火助手"界面

智谱清言中的指令提示更加结构化，如图 2-4 所示，不仅给出了指令模板，而且提供了继续优化的指令建议。

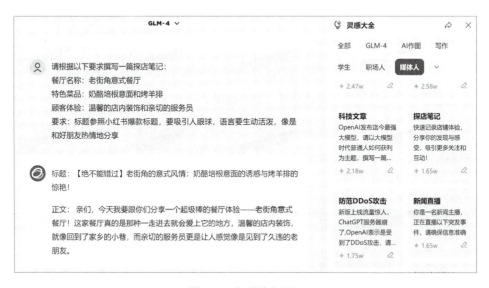

图 2-4　智谱清言界面

> **官宣**
> 如何做官方宣传

四 角色模式

使用角色模式，即让 AI 扮演某个角色。AI 会自动带入目标角色与我们沟通，不需要我们告诉它沟通思路，它自然拥有目标角色应该拥有的思维模式、技能与经验。有专业角色背书时，AI 输出的内容可用性更高。

很多 AI 高手提问时，第一件事就是给 AI 赋予角色，堪称"一句顶十句"。

角色模式中的指令可举例如下。

请你作为文案编辑高手，为我生成一篇爆款小红书笔记的文案，主题是……

我希望你能扮演 IT 架构师的角色，按照我的要求集成一个 CMS 系统……

我希望你作为一位专业的心理咨询师，帮我分析案例……

接下来，请你扮演一位资深 HR 与我进行面试演练。我是求职者，你是面试官，无论我说什么，你都不能跳出这个角色……

在专业领域，使用角色模式是最佳选择。

有一次，我在镇江为学员做 AI 培训，培训过程中，有一位学员表示想写一份遗嘱，但不知道遗嘱应该怎么写，怕写得不符合法律要求。课堂上，他在我的指导下尝试用 AI 写，他把自己的资产情况、想要使用的分配方式用大白话告诉 AI 后，AI 立刻为他生成了一份专业遗嘱。培训班中，恰好有一位在律师事务所工作的学员，律师学员看完 AI 生成的遗嘱后惊呆了，评价道："完全标准，没有任何需要修改的地方。"

如果我们的目标任务有明确的规范，且这个规范能被 AI 理解，用角色模式提问能省却"千言万语"。

需要注意的是，这些角色和规范必须是 AI 能理解的。让 AI 用李白的风格写诗，AI 能理解；让 AI 用傅一声（本书作者）的风格写诗，AI 就只能"瞎编"了，因为 AI 根本无法在网上找到傅一声写的诗。

很多企业的岗位有自己独具特色的名称，我们要把这些岗位名称翻译成 AI 能理解的岗位名称，或者比较接近的岗位名称，才能高效地使用角色模式。

五 混合模式

掌握了以上 4 种提问模式的使用方法后，面对不同任务时，可以综合考虑使用哪种提问模式最合适。4 种提问模式都很常用，每一种的使用方法都要牢牢掌握，如果发现一种提问模式行不通，可以换一种提问模式使用，如果以上 4 种提问模式单独使用的效果都不够好，可以考虑使用混合模式。

使用混合模式，即使用 4 种提问模式中的两种或两种以上提问模式进行提问。混合模式是进阶版提问模式，AI 高手总是在不知不觉中使用混合模式。

比如，完成某项任务时，先赋予 AI 一个角色，再给出框架，接着上传一些值得参考的实例，等 AI 生成答案，最后通过连续对话不断优化 AI 生成的答案。以上过程，先后使用了角色模式、扩写模式、仿写模式、对话模式。

扩写模式、仿写模式、对话模式、角色模式、混合模式，熟练掌握这 5 种模式的使用方法，面对各种任务，都能处理得游刃有余。用得越多，AI 越懂你，因为 AI 小助手是越训练越符合你的心意的。而且，建议大家不断完善自己的提问指令库，以便再次遇到类似的任务时能够快速处理。

很多人过于依赖平台的指令模板，希望用模板指令一步到位地完成自己的任务，这是不现实的——每个人的应用场景都有自己的特点，没有完全通用的指令；同样的指令，AI 不同次的理解可能存在偏差；即使 AI 理解得完全准确，不同次生成的内容也各不相同……因此，我们一定要熟练掌握 AI 提问的 5 种模式的使用方法，根据实际情况灵活组织自己的提问指令。正所谓"磨刀不误砍柴工"，这一环节的偷懒是要不得的。

2.4 文案创作技巧 >>>

很多文案编辑的工作痛点之一是无法持续且稳定地输出优质内容，"优质"对应质量，"持续"对应数量，如果 AI 能够帮我们又好又快地创作文案，将会大大提升我们工作的效率和宣传的效能！我们希望的是：**我们会做的，AI 替我们做好；我们不会做的，AI 帮我们做到。**

怎么让 AI 帮我们撰写文案呢？面对不同的文案任务，有不同的处理方式。文案，可分为短文案和长文案，让 AI 撰写这两种文案，需要提供的指令有较大的区别。

一、短文案

短文案篇幅较短，如通知、标题、群公告、新闻资讯、日常问候、客户关怀信息、微博动态、小红书笔记、豆瓣书评、邀请函、工作周报等。

让 AI 帮我们撰写短文案，通常情况下，两个步骤即可。

第一步，给出指令。使用合适的提问模式，根据需求给出指令。

第二步，不断优化。如果对 AI 生成的内容不满意，可以补充细节，连续对话，不断优化 AI 生成的内容。

长文案

长文案篇幅较长，如公众号文章、商品详情、策划报告、商业计划书、论文、直播脚本、产品手册、演讲稿等。

让 AI 帮我们撰写长文案，通常情况下，仅使用一个指令，或者仅进行简单对话是无法达到目的的，需要拆解任务，逐步成文。

具体而言，要遵循"总→分→总"的原则，先确定总体框架，再针对具体的板块进行细化，最后汇总成文。具体的操作步骤如下。

第一步，拆解模块。将长文案拆解为若干模块，如将一篇新媒体文章拆解为标题、开头、正文、结尾、标签等模块。

第二步，搭建框架。针对每个模块，明确框架、思路、要求，告诉 AI，AI 会从整体出发，生成一个逻辑连贯的答案。

第三步，丰富细节。针对 AI 生成的内容，从整体上进行评估，补充 AI 没有考虑到的细节。可以与 AI 进行多轮对话，逐渐让长文案符合我们的要求。

第四步，单点打磨。针对各模块，或者任何细节内容，进行单点打磨，告诉 AI 需要改哪里、怎么改，不断优化。

第五步，整合成文。综合以上所有内容，整合成文。整合时，适当地进行人工调整，全面检查、校正，及时识别有错误的地方，检测违规内容，确认没有问题后定稿。

高级指令的用法

在成为专业 AI 提问者的路上，我们需要不断学习，一要不断丰富自己的词汇，用更精准的指令指导 AI 工作，二要不断学习平台推出的功能的使用方法，如各类插件、AI 助手等，争取借助 AI 完成更多复杂的工作。

> **官宣**
> 如何做官方宣传

以下高级指令的用法，一定要掌握。

1. 告诉 AI 你需要的语气、风格

文字是有情绪的，不同的语气、风格，能表达完全不同的情绪。我们可以在指令中描述想要的语气、风格，作为限定条件，明确文案的情绪。

语气、风格方面的常用指令如下。

正式语气：请使用正式的词汇和语法结构，使内容庄重、严肃、专业。

抒情语气：请使用富有感情的词汇，使内容易引起共鸣和共情。

口语化语气：请使用口语化的表达方式，多用短句，少用长句，适当加入俗语、口头禅等，使内容读起来更加轻松、亲切。

幽默语气：请使用幽默风趣的表达方式，适当加入一些网络热词，使内容读起来更加有趣，提升阅读体验。

2. 告诉 AI 你需要的结构

为了确保内容的完整性，并防止 AI 天马行空地添加内容，我们可以告诉 AI 我们需要的结构。工作中常用的文案写作思路可以用来框定 AI 的生成范围。

撰写各类方案／报告／总结／复盘，可以使用"现状＋问题＋解决方案""数据洞察＋问题概览＋调研方向""数据＋亮点＋问题＋经验"等结构。

撰写策划，可以使用"背景＋目标＋受众＋环节设计＋预算＋数据复盘"这一结构。

3. 告诉 AI 你需要的文体

AI 可以写各式各样的文章，常见的职场应用文包括发言稿、获奖感言、工作报告、心得体会、合同文书、年度总结、个人简历、创意策划、商业信函、推荐信、商业计划书、新闻资讯、会议发言、会议纪要等。

4. 巧用插件功能与助手功能

使用 AI 平台的插件功能与助手功能，可以生成多种形式的内容，深度开发 AI 的潜能。调用插件的入口一般在指令输入框的上方，讯飞星火的插件使用界面如图 2-5 所示，其他平台的相关界面与之类似。

图 2-5　讯飞星火的插件使用界面

使用插件，可以完成一些复杂文案的生成并实现多样化排版，如制作思维导图、智能 PPT、简历等。

以文心一言为例，使用文心一言的插件，能够调用多种工具，满足多种使用需求，包括文字转视频、PPT 制作、H5 网页生成等，如图 2-6 所示。

图 2-6　文心一言的插件使用界面

官宣
如何做官方宣传

使用智谱清言的"文档解读助手",如图 2-7 所示,上传一个文档,可以针对文档内容进行文档提问、文档总结、文档翻译等操作,更智能、更直观地处理文档。

图 2-7 智谱清言的"文档解读助手"使用界面

Kimi 是由月之暗面科技有限公司开发的智能助手,擅长中英文对话,无论是日常知识查询、学术研究辅助,还是数据分析,它都能提供支持。Kimi 非常重视用户体验,致力于提供简洁、直观的操作界面和流畅的交互体验,用户可以直接把文件或网址发给它,它会自动阅读文件或网址中的内容。Kimi 使用界面如图 2-8 所示。

图 2-8 Kimi 使用界面

第 3 章

AI 多媒体
内容制作

除了文案,我们还需要使用多种多媒体内容,应对多渠道宣传的需要。

多媒体,包括文字、图片、照片、声音、动画、视频影像等。多媒体对多种媒体的功能进行了科学的整合,联手为用户提供多形式的信息展现,使用户得到的信息更加直观、生动。

绘图、平面设计、视频制作等本是有一定门槛的专业工作,有了AI的加持,每个人都可以更低成本、更高效率、更灵活地生产多媒体内容。

《《 AI 绘图　3.1

AI 绘图是 AI 应用中最受欢迎的功能之一，也是目前技术上相对成熟的 AI 应用。很多宣传人有图片使用需求，但是没有绘画基础，也缺乏使用、操作专业绘画工具、软件的能力，在此情况下，AI 能够根据简单的描述生成满足需求的图片，无异于雪中送炭。对很多宣传人而言，不需要花钱购买图库，可以按照自己的想法轻松地生成图片，大大简化了设计工作，充分实现了降本增效。

AI 绘图工具 / 平台

AI 绘图的工具 / 平台非常多，目前，国产大语言模型基本都有 AI 绘图的功能，如文心一言、智谱清言等，且 AI 绘图的表现越来越好。除了有 AI 绘图功能的综合型大语言模型，还有一些工具 / 平台专攻 AI 绘图，例如，国内的文心一格、通义万相，国外的 Stable Diffusion、Midjourney 等，就连 Adobe Photoshop 这样的专业图片处理软件也开发了 AI 功能。

由于 2023 年 AI 大火，目前市面上的很多相关产品是为了获取关注与抢占市场而匆忙上线的，功能并不完善，AI 绘图的效果差强人意。接下来，重点介绍几个发展相对较快、较充分，且支持中文对话的国产 AI 绘图工具 / 平台。

1. 文心一言

文心一言支持 AI 绘图，用法和 AI 创作文案一样——用户输入恰当的指令，即可生成相关图片。注意，文心一言的优势在于文本处理，生成头像、插画等较简单的图片没问题，如果需要生成复杂的图片，建议使用专门的 AI 绘图工具 / 平台。

文心一言的绘图指令示范如图 3-1 所示，这是官方提供的指令示范。

图 3-1　文心一言的绘图指令示范

2. 文心一格

文心一格是百度推出的 AI 艺术和创意辅助平台。文心一格的定位为面向有设计需求和创意的人群，基于文心大模型，智能生成多样化 AI 创意图片，辅助创意设计，打破创意瓶颈。

相较于文心一言，文心一格更加聚焦、更加专业，且功能研发和迭代速度更快。

3. 通义万相

通义万相是阿里云通义系列 AI 绘画创作大模型，于 2023 年 7 月 7 日正式上线，可辅助我们进行 AI 绘图。目前，钉钉中的符号"/"已接入通义万相，在逐步开放试用中，部分用户已可通过使用符号"/"在钉钉文档、群聊、会议等场景中唤起图片生成服务。

4. Vega AI

Vega AI 是国内人工智能初创公司右脑科技（RightBrain AI）推出的 AI 绘画创作工具，支持在线训练 AI 绘图模型，支持文生图、图生图、条件生图等多种绘图模式，如下。

①文生图：输入 Prompt（AI 提示词），选择风格，即可快速生成高质量图像。

②图生图：上传图片文件，选择喜欢的风格，便可以为图片进行风格转绘。

③条件生图：通过条件控制生成图片，条件控制有 3 种方式，分别为线稿生成、动作捕捉、区域构图。

④姿势生图：通过调整 3D 人体姿势生成图片，可以调整动作、景别，支持多人成画。

⑤风格定制：挑选 10 张及以上同类型图片，即可在线训练、定制专属风格。

⑥风格广场：展示社区分享的海量图片和平台编辑精选的创意图像，激发用户的创作灵感。

除了支持网页端使用，Vega AI 还支持微信小程序使用，非常方便。

如今，AI 工具正在飞速迭代，每隔一段时间就有新产品出现、每隔一段时间就有功能更新，但是各大 AI 绘图工具/平台的 AI 功能的底层逻辑是一样的，掌握了一个工具/平台的使用方法，其他工具/平台就都会使用了。

绘图的 Prompt 的撰写逻辑与方法也是各大 AI 绘图工具/平台通用的。我们必须掌握正确的 Prompt 撰写方法，掌握得越好，受益越大；学习得越早，越能享受到更多的时代红利。

目前，AI绘图在广告宣传、平面设计等领域的使用率已经非常高了，以文心一格为例，已经在商业应用上积累了众多案例。

2023年，京东联合文心一格进行了大规模线下广告制作合作，如图3-2所示，文心一格为京东生成了很多广告图。按照传统流程，为了制作如图3-2所示的广告图，需要先搭建不同的场景、拍摄不同类目的商品及演员快乐的表情，再打磨宣传文案，最后组合、设计出成品。据测算，单张广告图的制作成本接近1万元。用AI生成，周期缩短了约70%，制作成本节省了约80%。

图3-2 文心一格生成的京东广告图

京东表示："AI生成在降低成本的同时，提升了整体创意的产出效率，无论是在速度上，还是在数量上，都有着人工制作难以比拟的优势。"

2023年11月12日，纪录片《中国》绘画艺术展开展，AI大模型通过低成本、小规模学习齐白石作品，生成了有齐白石中国画画风的二十四节气图，节选部分如图3-3所示。

二十四节气——立夏　　二十四节气——芒种　　二十四节气——春分

图 3-3　文心一格生成的二十四节气图（节选）

联想昭阳与文心一格联合打造了 AIGC 品牌宣传片《我们的工位》，视频中，每一个场景画面，都是基于联想昭阳为各场景配的文案，由文心一格生成的。

据了解，使用 AI 进行海报制作，成本能降低 50%~80%，制作时间能从"周"级别降到"天"级别。在网站设计、电商图片设计等设计领域，设计师可以使用 AI 批量生成主视觉图、对产品图进行一键风格转换、二次编辑改图等，更便捷地实现低成本图片输出。

此外，AI 绘图已广泛应用于游戏、直播、会员服务、电商、内容社区、广告、虚拟 IP 等诸多场景，实现多行业降本增效。

玩转文生图，人人都是画师

文生图，即将文本描述转换为对应的图像。我们需要使用一组特殊形式的文本描述告诉 AI 需要生成什么样的图像，这些特殊形式的文本描述就是所谓的 Prompt 语句。

官宣
如何做官方宣传

1. AI 绘图 Prompt 语句公式

AI 绘图文本描述的基本公式，即 AI 绘图 Prompt 语句公式为"主体＋主体描述＋风格描述"。

主体：绘图的主要对象，例如，风景、猫咪、女孩。

主体描述：描述主体的细节词，可以是一个词，也可以是多个词，建议从不同角度入手进行描述。

风格描述：要画的风格，即目标画作的艺术风格的修饰词。

来看一组示范，Prompt 语句是"小狗，白色，草地上奔跑，阳光，许多小野花，写实风格"。在这个 Prompt 语句中，主体是"小狗"，"白色，草地上奔跑，阳光，许多小野花"都是主体描述，"写实风格"是风格描述。根据以上指令，文心一格生成的图片如图 3-4 所示。

图 3-4　文心一格生成的图片

掌握了 Prompt 语句的使用原理后，我们就可以进行 AI 绘图了。如果 AI 生成的图像不够准确，我们可以不断调整和优化 Prompt 语句，直到满意。

普通 Prompt 语句：花。AI 生成效果如图 3-5 所示。

推荐 Prompt 语句：花，路边的小野花，五颜六色，微距镜头，清晨，高清，摄影作品。AI 生成效果如图 3-6 所示。

图 3-5　花（根据普通 Prompt 语句）　　　图 3-6　花（根据推荐 Prompt 语句）

普通 Prompt 语句：女孩。AI 生成效果如图 3-7 所示。

推荐 Prompt 语句：女孩，特写，侧身，看镜头，表情温柔，深蓝色眼睛，蓝色头发，头发茂密，头戴帽子，手里捧着百合花束，电影感，背景干净，中景，阳光从斜上方打下来，虚幻渲染。AI 生成效果如图 3-8 所示。

图 3-7　女孩（根据普通 Prompt 语句）　　　图 3-8　女孩（根据推荐 Prompt 语句）

普通 Prompt 语句：蛋糕。AI 生成效果如图 3-9 所示。

官宣
如何做官方宣传

推荐Prompt语句：蛋糕，美食摄影，白色背景，逼真，木板，电商使用，清爽，不油腻，背景中没有多余杂物，阳光从斜上方打下来，写实。AI生成效果如图3-10所示。

图3-9　蛋糕（根据普通Prompt语句）　　图3-10　蛋糕（根据推荐Prompt语句）

可见，要想得到满足自己想象的图像，使用的Prompt语句应该是能够从多角度入手描述目标图像的。具体而言，可以从哪些角度入手进行描述呢？以下常用公式供大家参考。

人物类Prompt语句 = 主体 + 人物形象描述 + 场景/道具/配饰细节 + 画面质感增强用词。

动物类Prompt语句 = 主体 + 动物形态细节 + 场景氛围 + 画面质感增强用词。

植物类Prompt语句 = 主体 + 植物形态细节 + 风格修饰词。

场景类Prompt语句 = 主体 + 场景细节 + 风格修饰词 + 画面质感增强用词。

2. 绘图指令词库

我们需要掌握一些AI绘图指令词，才能更好地与AI进行对话，给出专业、精准的指令。

以下常用指令词供大家参考。

图像类型：古风、二次元、写实照片、油画、水彩画、油墨画、水墨画、黑白版画、雕塑、3D 模型、手绘草图、炭笔画、极简线条画、浮世绘等。

图像构图：中心构图、水平线构图、三分构图、框架构图、引导线构图、视点构图、散点式构图、黄金分割构图、错视构图、抽象构图等。

视角：微距镜头、超广角镜头、长焦镜头、鱼眼镜头、仰视视角、俯视视角等。

光线：轮廓光、体积光、霓虹灯、荧光、侧光、反射光、摄影棚照明、透镜光晕、氛围光照、自然光、太空光、背景光、逆光、聚光灯、发光效果、冷光、暖光、生物发光、电影级光照、伦勃朗光、丁达尔效应、漏光光效等。

艺术流派：现实主义、印象派、野兽派、新艺术、表现主义、立体主义、抽象主义、超现实主义、极简主义等。

插画风格：扁平风格、渐变风格、矢量插画、涂鸦白描风格、森系风格、治愈系风格、水彩风格、暗黑风格、绘本风格、噪点肌理风格、轻拟物风格、等距视角风格等。

个性风格：赛博朋克、概念艺术、蒸汽波艺术、Low Poly、像素风格、极光风格、宫崎骏风格、吉卜力风格、嬉皮士风格、幻象之城风格、新浪潮风格等。

人像增强：精致面容、五官精致、毛发细节、少年感、超细腻、比例正确、妆容华丽、厚涂风格等。

图像细节：纹理清晰、层次感、物理细节、高反差、光圈晕染、轮廓光、立体感、空间感、低饱和度、CG 渲染、局部特写等。

色彩：柔和色彩、莫兰迪色调、荧光色、互补色等。

材质：磨砂玻璃、渐变玻璃、铜板雕刻、液态金属、毛毡、铝制、亚克力、衍纸等。

渲染：虚幻引擎、C4D、Blender、Octane 等。

不同 AI 绘图工具 / 平台的 Prompt 语句设置规则是相同的，如果使用的是国外的 AI 绘图工具 / 平台，需要把中文 Prompt 语句翻译为英文 Prompt 语句。掌握了正确的撰写逻辑与优化技巧，一通百通，即便面对新的 AI 绘图工具 / 平台，也能快速上手。

3. AI 绘图操作步骤

下面以百度的文心一格为例，完整示范 AI 绘图的具体操作。作为优秀的国产绘画大模型，文心一格的文生图操作模式具有很强的代表性。熟练掌握文心一格的绘图方法后，其他平台可类比操作。

第一步，了解操作界面。

学习使用任何线上工具 / 平台的第一步，都是了解操作界面。最好把所有按钮都使用一遍，从整体上了解目标工具 / 平台的情况，知道它有哪些功能，做到心中有数。

截至本书撰写时，文心一格的创作模式主要有 4 种，分别是 AI 创作、AI 编辑、你说我画、实验室，如图 3-11 所示。

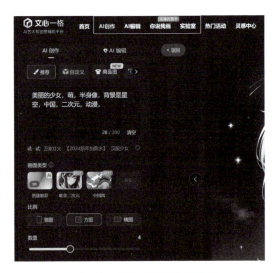

图 3-11　文心一格的操作界面

第二步，输入指令。

在输入框中输入指令，使用标准的 Prompt 语句会有更好的生成效果。

第三步，调整参数。

包括风格选择、比例调整、产图数量设置等。

风格选择：推荐模式中有多种风格供选择，大家可以结合个人偏好选择具体的风格，如果不知道应该如何选择，可以不选，系统会默认选择"智能推荐"。实际上，Prompt 语句可以包含对风格的限定。

比例调整：选择期待生成的图片的比例，可以选择竖图、方图、横图。

产图数量：选择期待生成的图片的数量，选项从 1 张到 9 张，支持一次生成多张创意图片，便于用户选择最喜欢的，注意，生成每张图片都会消耗"电量"（"电量"可以理解为积分），一般情况下，每次生成 2~4 张图片为佳。

第四步，创意管理。

生成图片后，可以对它进行编辑，也可以单击图片查看大图，同时使用右侧工具栏进行"画作公开""加入收藏夹""分享下载"等一系列操作。在界面右侧上下滑动，即可查看历史生成记录。单击界面右上角的"创意管理"按钮，可以查看更多的历史画作。

有时候，我们会遇到创作失败的情况，比如以下情况。

① AI 无法理解文本内容，或文本内容里包含敏感信息——可以更换文本内容后再次生成。

②网络不稳定——可以优化网络后再次生成。

③服务器不稳定——可以稍后再次生成。

玩转图生图，创意图片百变

所谓"图生图"，就是用户提供一张图后，AI 能根据要求生成另一张图。在宣传中，如此操作可以生成很多创意图片。图生图具体有哪些创意玩法，又该如何操作呢？接下来详细介绍相关内容。

官宣
如何做官方宣传

1. 文心一格的"自定义"模式

文心一格的 AI 创作中有"自定义"模式,操作界面如图 3-12 所示,支持在输入 Prompt 语句的基础上"上传参考图",即用户可以在文生图的基础上,额外上传供文心一格参考的图片,文心一格将根据 Prompt 语句和参考图为用户生成图片。实际操作中,用户可以设置参考图的参考数值,数值越大,参照图对所生成图片的影响越大。

图 3-12 文心一格的"自定义"模式操作界面

2. 文心一格的"人物动作识别再创作"模式

文心一格的创新功能中有一个图生图模式,名为"人物动作识别再创作",即用户上传人物动作参考图后,系统将识别参考图中的人物动作,结合用户输入的 Prompt 语句,生成人物动作相近的图片。

操作步骤很简单,如图 3-13 所示,上传参考图后,系统会自动分析参考图中人物的动作(主要是进行人物骨骼识别),生成人物动作相近的图片。有的工具/平台把这个功能命名为"姿势生图",原理是一样的,都是借鉴参考图中人物的动作/姿势生成新的图片。

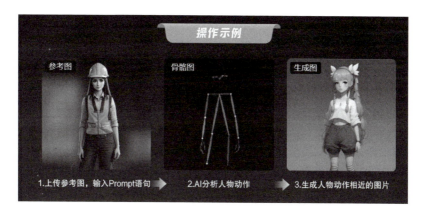

图 3-13 文心一格的"人物动作识别再创作"操作示例

按照如图 3-13 所示的步骤操作，演示效果如图 3-14 所示。

图 3-14 文心一格的"人物动作识别再创作"案例

3. 文心一格的"线稿识别再创作"模式

"线稿识别再创作"模式也是一个创新功能。如图 3-15 所示，AI 会先识别上传的图片，生成线稿图，再结合输入的 Prompt 语句，生成用户想要的图片。该功能的使用步骤与使用"人物动作识别再创作"功能的步骤类似，但需要注意的是，该功能需要针对图片线稿进行识别，所以使用轮廓清晰、背景干净的参考图效果更好。

官宣
如何做官方宣传

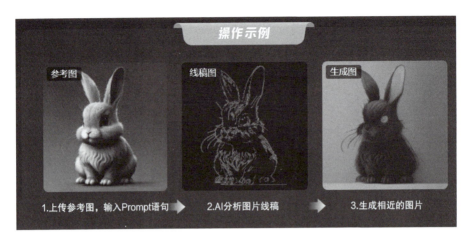

图 3-15 文心一格的"线稿识别再创作"操作示例

按照如图 3-15 所示的步骤,我上传了自己的照片,AI 根据照片线稿,精准地生成了其他风格的图片,效果如图 3-16 所示。

图 3-16 文心一格的"线稿识别再创作"案例

从"人物动作识别再创作"到"线稿识别再创作",我们可以发现,只要告诉 AI 我们的需求并提供参考材料,AI 就能生成相近的图片。未来一定会有更多功能的研发,或许有一天,我们可以选择借鉴表情、借鉴眼神、借鉴穿着等,轻松生成更多创意图片。

4. 通义万相的图生图相关功能

与文心一格类似，通义万相除了有文生图的功能，还有图生图的功能。

通义万相的"相似图像生成"功能，用于根据参考图，生成一张类似的图片。

通义万相的"图像风格迁移"功能，用于在用户上传两张图片的情况下，以一张为原图，以另一张为风格图，将原图的风格转化为风格图的风格。

撰写本书时，我反复测试了通义万相的这几个功能，使用文生图功能，可以生成一些质量尚可的图像，但使用图生图相关功能生成的图片效果一般，甚至令人啼笑皆非。考虑到该工具尚在开发与完善阶段，我们应该持包容的心态，相信随着其功能的不断完善，我们掌握的这些用法，终有一天可以派上用场。

5. Vega AI 的图生图功能

Vega AI 也有图生图功能，且操作界面非常清爽，如图 3-17 所示。在 Vega AI 的"图生图"操作界面，用户可以选择自己要借鉴的"条件控制"内容，原理同上文详述的文心一格、通义万相相关功能。由此可见，AI 绘图的工具/平台的主要功能相差无几，究竟谁更厉害？我只能送上 4 个字——各有千秋。

图 3-17　Vega AI 的"图生图"操作界面

官宣
如何做官方宣传

四 AI 绘图修炼方法

坦白讲,目前,图生图相关功能的发展还不是很成熟,想要得到符合预期的相似图,还有什么好方法吗?有的,可以使用文生图功能"临摹"。

临摹不仅可以得到"相似图",还是一种非常好用的训练方法。

虽说 AI 绘图调低了绘画的门槛,但在任何一个领域,想要做好,都需要钻研。学习 AI 绘图和学习绘画是类似的,最好的学习方法不是自由创作,而是临摹。高手都是从模仿开始进阶的,学习 AI 绘图也不例外。

图 3-18 是某明星的照片,如何对其进行临摹呢?

第一步,仔细观察图 3-18,看看图中主要有什么元素。

第二步,用 Prompt 语句描绘我们看到的画面。从主体、主体细节、风格等方面入手撰写 Prompt 语句,不知道应该如何撰写 Prompt 语句时,可以查指令词库。

图 3-18 某明星的照片

第三步,输入 Prompt 语句。针对临摹对象图 3-18,我输入的 Prompt 语句是:一位商务女士端坐在椅子上,左手放在椅背上,右手的手背靠住右边脸颊,面向镜头,精致脸庞,优雅,明星,黑色西服外套,闪闪发光的耳环,背景为红色丝绒,高清,摄影级照片。

根据以上 Prompt 语句,AI 生成的图片如图 3-19 所示。

图 3-19 AI 生成的明星相似图

总体效果非常不错。

第四步，不断优化。有时候，AI 生成的图片会有明显的瑕疵，遇到这种情况，我们需要不断调整 Prompt 语句，优化图片。

AI 需要训练，使用 AI 要有耐心，千万不要苛求 AI 一次到位。

优秀的用户，发现 AI 生成的图片不甚理想时，不会下意识地否定 AI，而是会反思自己的操作是否得当，查看教程或者相关资料，优化自己的 AI 使用方法，多次测试，逐渐掌握 AI 使用技巧。清楚 AI 在哪些地方做得好，在哪些地方做得还不够好，甚至去了解其缺陷背后的原因，关注瓶颈什么时候能够被突破，和 AI 一道快速成长，才是正确的面对 AI 的态度。

AI 的发展有多快，我们有目共睹，我们要不断学习、进步，才能做 AI 的主人！

五 其他用法

除了文生图、图生图，AI 绘图还有很多创意用法。

1. AI 换脸

用户上传模板图和人脸图后，AI 可以把人脸图中的人脸替换到模板图中。这是一个很有意思的功能，但是要注意，使用时不要侵犯他人的肖像权，且所生成的图片一定要用于正途。2024 年 3 月 15 日，中央广播电视总台 3·15 晚会就曝光了 AI 换脸诈骗的现象。

2. 漫改头像

可选多种漫画风格的图像进行风格迁移，为用户生成具有艺术美感的高萌漫画脸。

3. 模特换装

AI 可以自动识别并留存目标图片中的服装，轻松实现人物换装。

4. 创意文字

AI 可以在几秒钟内生成令人惊叹的艺术字，给受众留下深刻的印象。

5. 线稿渲染

AI 可以迅速地为线稿上色，根据文字描述，一键生成高清图像。

6. 图片解析

AI 可以根据用户上传的图片，解读出相关提示词，用于生成新图像。

7. 无损放大

AI 可以对质量较差、清晰度较低的图片进行高清修复、智能降噪。

8. 照片修复

针对不同场景的图片的修复需求，AI 可以智能匹配修复方案，一键修复图片，比如对老照片进行修复。

3.2 AI 图片编辑

除了绘图，使用 AI 还可以对已有的图片进行编辑。使用 AI 图片编辑功能，一方面，可以弥补 AI 绘图的瑕疵；另一方面，可以对自己的图片进行处理，比如去水印、去除背景中的某元素等，过去，这些操作都要使用 Photoshop 或者一些专业的图片处理软件来完成，如今操作更便捷，成本也更低了。接下来介绍几个非常好用的 AI 图片编辑工具，并对其主要功能进行展示。

一、文心一格的"AI 编辑"

"AI 编辑"是文心一格的重要功能，支持涂抹消除、涂抹编辑、图片叠加、图片扩展、改变图片清晰度等操作。

使用文心一格的"AI 编辑"功能，既可以针对文心一格生成的 AI 图片进行二次编辑，又可以针对平台自带的模板库图片及自己本地上传的图片进行编辑。AI 图片编辑能够满足设计、制作创意内容、新媒体产图等多样化需求，不会使用 Photoshop 等图片处理软件也可以轻松地处理图片。

官宣
如何做官方宣传

1. 涂抹消除

用户对图片上不满意的地方进行涂抹后，AI将对涂抹区域进行消除，并生成合理的内容填充涂抹区域。涂抹消除可用于局部内容消除、小范围画面修复。

如图3-20所示，面对AI生成的小猫图像，我们想把小猫的尾巴"藏起来"，使之更拟人，应该怎么操作？选中尾巴，进行涂抹消除，即可快速完成消除操作。

图3-20 "涂抹消除"演示案例

2. 涂抹编辑（自由涂抹）

用户对欲修改的图片区域进行涂抹后，AI将按照指令生成相关内容。涂抹编辑可用于图像修复和图像修改。

我们想将图3-21中原图里的人物的头发颜色改为银色，应该怎么操作？

第一步，涂抹想要修改的区域。

第二步，针对涂抹区域的替换内容发出指令，此演示案例中，指令为"银色长发"。

第三步，单击"立即生成"，AI即可帮助我们完成对目标区域的修改。

图3-21 "涂抹编辑"演示案例

3. 图片叠加

使用文心一格的"AI 编辑"功能，可以对两张图片进行融合、叠加，生成新的图片。对两张图片的风格特征进行融合后，新的图片将同时具备两张图片的风格特征，组合搭配随心所欲，激发无限创意！

操作步骤很简单。上传期待融合、叠加的两张参考图，调整参考图的影响比例即可，比例越高，对应图片的权重越高。用户可以针对待叠加生成的图片输入 Prompt 语句，若不输入，AI 会自动识别并生成。

以一只狗的图片和一个机器人的图片为参考图，上传两张参考图后输入 Prompt 语句"机械狗"，AI 将对机器人的风格和狗的形象进行融合，生成带有机械感的狗，如图 3-22 所示。

图 3-22 "图片叠加"演示案例

4. 图片扩展

使用文心一格的"AI 编辑"功能，可以对图片进行画面扩展延伸——可以对图片进行向四周或上、下、左、右各特定方位的扩展延伸,可以一键将图片变成方图,也可以对图片进行连续扩展生成。

如图 3-23 所示,左图为原图,按向四周扩展的要求,AI 生成了右图,自动补充了四周的环境,甚至连阳光都补充妥当了,效果不错。

图 3-23 "图片扩展"演示案例

5. 改变图片清晰度

使用文心一格的"AI 编辑"功能,可以对图像进行分辨率调整,一键生成高清或超高清图片,非常高效!

百度图片的"百度 AI 图片助手"

除了可以使用 AI 绘图工具进行 AI 智能化图片编辑,大家非常熟悉的百度图片也悄悄上线了"百度 AI 图片助手"功能,帮助用户完成常见的图片编辑工作。百度图片的"百度 AI 图片助手"操作界面如图 3-24 所示。

第 3 章
AI 多媒体内容制作

图 3-24　百度图片的"百度 AI 图片助手"操作界面

1. AI 去水印

一键去除图片水印。千万别小看这一操作，过去想去除图片水印，我们需要先下载图片，再打开去水印软件逐步处理，工作非常烦琐。很多朋友操作频次不高，对各种去水印软件不熟悉，常常需要试用好几个软件，甚至购买会员才能完成相关操作，耗时、耗力，且耗财。

2. 涂抹消除

选择要消除的内容，轻松完成消除操作。

3. 画质修复

将模糊图片变超清图片。如果目标图片本身就是非常清晰的图片，AI 会提示我们："图片已经很清晰了，换张图试试。"

4. 局部替换

对图片进行局部修改。涂抹目标区域，输入对替换内容的描述，一键生成替换内容。该功能实际上是 3 个功能的集合，第一，涂抹消除；第二，文生图；第三，添加贴纸，属于生成式替换。

5. AI 重绘

重新塑造图片细节。根据 AI 算法，对图片中模糊的细节进行重新塑造，此功能可为我们的草图、草稿生成更多有创意的细节。

6. AI 相似图

产出相同风格的系列图。根据 AI 算法，针对特定图像，生成一系列与之相似、风格相同的图像。

7. AI 扩图

原图自动外拓补全。比如，原图的尺寸比例为 1∶1，我们需要尺寸比例为 4∶3 的图片，选择尺寸比例 4∶3 后，转换过程中，图片两边的黑边会被补全。

这些功能和文心一格中的相关功能有相同的原理，由此可见，这些 AI 图片编辑工具/平台是一通百通的。

对图 3-24 中的照片做"AI 相似图"处理，得到图 3-25 中的图片，大家觉得效果如何？

图 3-25 "AI 相似图"效果展示

Adobe Photoshop 的 AI 功能

经典的图像处理软件 Adobe Photoshop 如今也上线了生成式 AI 功能。借助 Adobe Firefly 的强大功能，进行"生成式填充"和"生成式扩展"，可以添加、移除或扩展任何图片中的内容。

1. 生成式填充

进行"生成式填充"，可以实现以下效果。

生成对象：在图片中选择目标区域，通过输入 Prompt 语句，添加或替换内容。

生成背景：选择背景，输入 Prompt 语句，生成新背景。

扩展图像：为图像所在的画布添加空白区域，使画布的大小、尺寸满足需求，随后，选择空白区域，若没有输入 Prompt 语句，将对场景进行和谐扩展；若输入了 Prompt 语句，将根据 Prompt 语句添加内容，同时扩展场景的其余部分。

移除对象：选择要移除的对象，即可轻松完成相关操作。

2. 生成式扩展

生成式扩展是 Adobe Photoshop 中由 Adobe Firefly 提供支持的生成式 AI 功能套件中的另一个革命性功能，它允许用户在使用裁切工具的工作流程中使用生成式内容扩展图像。

使用此功能，用户可以在裁切工作流程中扩展画布，并调整任何图像的大小，用更少的步骤达到期望的结果，用更少的时间完成烦琐的任务。

细心的读者会发现，Adobe Photoshop 中的以上功能，文心一格和百度图片中都有。截至本书撰写时，这些功能不对中国大陆开放，所以我们不对具体的操作过程进行详细讲解。

3.3 AI 海报设计

众所周知,海报设计需要灵感和技术,耗时耗力。如果能够借助 AI 轻松完成海报设计,绝对能解决很多人的设计难题。很多设计工具/平台在积极研发相关功能,比如,文心一格走在科技前沿的 AI 艺术和创意辅助平台在不断地研发海报设计功能,而传统的平面设计创作平台,如创客贴、稿定设计等,在纷纷升级智能设计功能,让海报制作越来越智能化。

工具/平台之间互相竞争和借鉴的结果是,未来,每一个设计工具/平台都将拥有 AI 海报设计功能。这对使用者来说是好事,因为只需要用好一个工具/平台,就能应对绝大多数工作。

本书秉承一个理念:把一个工具学透、用透,就能掌握同类工具,而不是哪个工具新、热,就否定旧工具,转身追捧那个新工具。

接下来,我们学习如何借助 AI 进行海报设计。

一 AI 海报生成

AI 海报设计的原理是在确定一些基本要素之后,针对这些要素进行选择、替换、填充。

文心一格的海报设计主要针对4个方面进行，分别是排版布局、海报风格、海报主体和海报背景。只要调整这4个方面，就能完成各种海报的设计与生成。

第一步，通过文心一格的"AI创作"选项卡进入海报创作工作台，在"排版布局"板块选择海报的尺寸比例，有竖版9:16和横版16:9两种选择。竖版包括4种布局，分别为底部布局、左下布局、右下布局、中心布局，分别表示海报主体在整张海报的底部、左下方、右下方、中心。横版包括3种布局，分别为左侧布局、右侧布局、中心布局，同样根据海报主体的位置命名。将光标悬停在海报创作工作台中间的图片预览区域，即可查看所选排版布局的样例效果。

竖版"底部布局"海报的样例效果如图3-26所示，横版"左侧布局"海报的样例效果如图3-27所示。

图 3-26 竖版"底部布局"海报的样例效果

图 3-27 横版"左侧布局"海报的样例效果

第二步,选择海报风格。目前只有"平面插画"一个选择,随着功能的逐步完善,如今的"敬请期待"位置会出现更多选项。

第三步,在"海报主体"板块中输入画面主体描述,将会生成相关主体图像,展示在海报主体区域。

第四步:在"海报背景"板块中输入画面背景描述,将会生成相关背景,展示在海报背景区域。

第五步,选择生成图片的数量后,单击"立即生成",即可获得海报作品。

我要编辑一篇关于冬日玩雪的公众号文章,需要一张公众号封面图,如何借助AI 完成图片生成?打开文心一格,进入海报创作工作台,在"海报主体"板块中输入"一个小女孩,捧着一团雪,开心大笑,穿戴厚实",在"海报背景"板块中输入"冰天雪地,大自然,干净,清爽,高清,摄影级作品",AI 即刻帮我生成了海报主体和海报背景,并按照我选择的"横版 16:9- 左侧布局"生成了图 3-28 中的图片。以这张图为公众号文章的封面图,完全没问题。

第 3 章
AI 多媒体内容制作

图 3-28　演示案例"冬日玩雪"

使用文心一格设计并生成海报，相当于把复杂的海报设计工作变成了两道选择题和两道填空题，只要确定排版布局和海报风格，并填好海报主体 Prompt 语句和海报背景 Prompt 语句，即可设计并生成各式各样的海报。

假如我要设计并生成以"乘风破浪"为主题的海报，应该如何做？

海报主体 Prompt 语句：一艘帆船在海浪中航行。

海报背景 Prompt 语句：海面上的巨大波浪，宏大的景象，清晰的浪花。

布局：竖版 – 底部布局。

生成的海报效果如图 3-29 所示。

假如我要设计并生成以"草原策马"为主题的海报，应该如何做？

海报主体 Prompt 语句：马在郁郁葱葱的草地上平静地吃草，骑马的人英俊帅气。

海报背景 Prompt 语句：一幅广阔的草原景观，群山起伏，白云柔和，草随风动，远处是一望无际的湖泊，碧绿的湖水。

布局：竖版 – 左下布局。

生成的海报效果如图 3-30 所示。

官宣
如何做官方宣传

图3-29　演示案例"乘风破浪"

图3-30　演示案例"草原策马"

以上海报，既可用作公众号文章的封面或插图，又可用于主题宣传。

那么，如果我们的商品是确定的，有具体的外观、具体的包装，不需要AI生成虚拟形象，也可以借助AI设计并生成海报吗？试试使用AI商品图制作与编辑功能吧。

AI商品图制作与编辑

优秀的商品图是宣传时的常用物料，但是制作高质量的商品图是一件耗时耗力的事，如果我们能够仅提供真实产品的图像，将其他设计工作交给AI，应该可以极大地缩短设计周期，提高生产力。

文心一格2024年上线的"商品图"功能就在这方面做了尝试。使用文心一格的"商品图"功能，可以一键智能抠图、AI生成多种场景，快速制作精美的商品图，省却大量的场景搭建、拍摄与修图成本。目前，该功能在宣传、电商营销中有着广泛的应用。

第 3 章
AI 多媒体内容制作

下面，一起看看使用文心一格进行 AI 商品图制作的具体操作和制作效果。

第一步，进入操作界面。单击电脑端文心一格首页左侧的"商品图创作"，或单击"AI 创作"–"商品图"，进入操作界面，界面如图 3–31 所示。

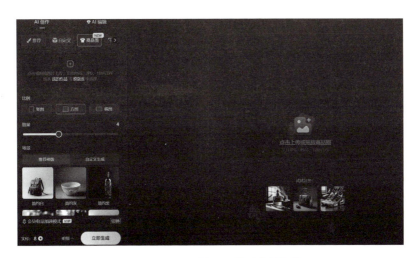

图 3–31　文心一格"商品图"功能的操作界面

第二步，上传商品图并完成抠图。如图 3–32 所示，上传一张黑色背景的图书立体封，上传完成后选择该图书立体封，文心一格将自动完成抠图操作，抠图效果如图 3–33 所示。

图 3–32　商品图抠图前

图 3–33　商品图抠图后

官宣
如何做官方宣传

第三步，选择文心一格提供的推荐模板（模板选项如图 3-34 所示），或者自定义生成背景。我选择"推荐模板"中的"湖边原木"，AI 即刻帮我完成商品图和背景的组合，生成了如图 3-35 所示的商品图效果，大家觉得生成质量如何？

图 3-34　模板选项

图 3-35　商品图效果

由图 3-34 可见，文心一格现在提供的推荐模板太过简单，只有背景图。如果未来，文心一格能把一些常用的海报模板开发出来供用户选择，就更厉害了。到时候，只要提供一张目标商品的高清照片，即可生成满足各种场景使用需求的商品图。

文心一格提供的模板是比较有限的，海报模板还有待更新和扩充，但平面设计平台提供的模板多，如创客贴、稿定设计等平台，有大量的海报模板供用户使用，只要这些平台引入 AI 功能，就能大大提升现有用户的海报设计效率。

这些平面设计平台确实想到了这一点，纷纷推出了 AI 智能设计功能。

三、AI 智能设计

稿定设计和创客贴是我平时做新媒体运营时常用的海报制作平台，接下来，我们来测评一下这两个平台的 AI 智能设计功能。

1. 稿定设计

使用稿定设计的"智能设计"功能，首先需要选择使用场景，如电商海报、产品营销、小红书封面、视频封面、邀请函等，然后在目标场景内填写文案（有的场景需要上传图片），相当于把以往的自由设计变成了简单的填空，最后点击"开始生成"，即可生成相关海报。

我使用过稿定设计中的所有模板，操作很简单，需要填写的内容不多，生成的海报与模板库中的模板高度相似，如果用户不满意，可以重新生成或者继续编辑。

为了直观地演示其操作过程及生成效果，以设计一张北京大学出版社出版的某新书的发布会的邀请函为例进行介绍。选择"邀请函"模板，填写活动名称、活动主题、邀请文案、活动时间、活动地点等信息，如图3-36所示，填写完成后点击"开始生成"，生成的邀请函如图3-37所示，大家觉得效果如何？

坦白讲，生成的邀请函整体效果不错，进行微调就能使用。可是，使用该功能制作邀请函和直接在非"智能"模板的基础上修改制作邀请函相比，到底哪个更高效，还真不好说。

图3-36 "邀请函"模板信息

图3-37 成品展示

2. 创客贴

创客贴的 AI 智能设计功能比稿定设计多一些，主要包括以下功能。

AI 设计：自动设计、生成海报。

AI 商品图：任意更换商品背景。

智能改图：无痕更换涂抹区域的内容。

智能外拓：自动外拓补全图像。

自动抠图：一键去除主体背景。

图片修复：去人物、去物体、去遮挡、去斑点，一秒抹去，毫无痕迹。

AI 文案：智能写作帮手。

图片变清晰：模糊图片一键超清。

以上功能中的大多数功能，前文已经介绍过，只有两个功能是比较有特色的。

一个是"AI 文案"，相较于文心一言等 AI 大模型，创客贴主要提供针对特定场景的文案，如商品标题、小红书笔记标题、小红书笔记文案、门店宣传语等。围绕创客贴的主营业务，为主要客户提供作图时的文案灵感，创客贴的这个 AI 开发思路值得点赞！

另一个是我们要重点介绍的"AI 设计"。AI 智能设计有两种常见的创作模式，一种是"经典版"，参见前文介绍的稿定设计的智能设计，以"填空"为主；另一种是"会话版"，输入设计需求后，可自主选择"海报类型""风格""颜色""用途"等，生成更有个性的海报，且生成海报后，可以点击"高级编辑"，继续调整。创客贴的"AI 设计"以"会话版"AI 智能设计为亮点，我针对大量场景尝试了智能生成，准确度不够高，需要我们进行二次编辑，但能够为我们提供一些灵感。

我请创客贴帮我做一张新书发布会的邀请函（使用"AI 设计"功能），如图 3-38 所示，填写设计需求并设置相应的参数后，创客贴快速为我做出了海报，如图 3-39 所示，效果还不错，微调后即可使用。

第 3 章
AI 多媒体内容制作

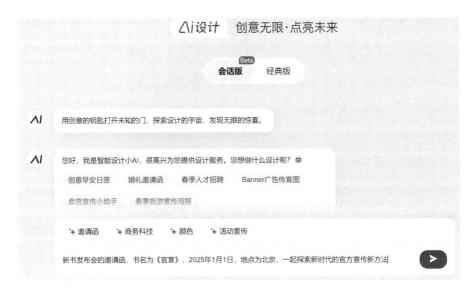

图 3-38 创客贴"AI 设计"功能的对话页面

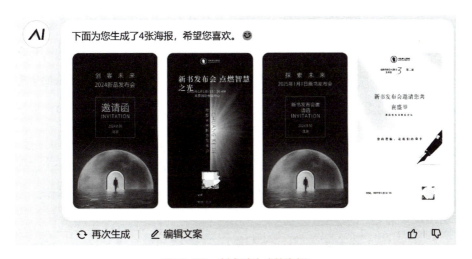

图 3-39 创客贴生成的海报

相较于文心一言等 AI 大模型,创客贴等平台在图片后期编辑方面有较大的优势,搭载 AI 功能后,竞争力不容小觑。

其他平台,如千图设计室、灵动 AI 等,模式类似,功能和操作都大同小异。

目前，AI 海报设计技术仍不够成熟，通常需要综合使用多种工具/平台进行编辑才能做出满意的海报。期待该功能早日突破技术瓶颈，让设计变得更加简单。

四 AI 宣传避坑指南

大家注意到了吗？第一批用 AI 做广告宣传的品牌，很多被骂惨了。

不少大品牌率先尝试用 AI 生成的图片、海报做宣传，结果不仅没有获得受众的称赞和喜爱，还带来了负面效应。这到底是怎么回事？用 AI 生成的图片、海报做宣传有哪些"坑"要规避？一起了解一下。

1. AI 宣传，切忌出现明显错误

如今，很多投放在户外、地铁站、电梯间的 AI 图片、海报有明显的瑕疵，比如，深圳某地铁广告中，小男孩骑的自行车没有车座；又如，某品牌的面条广告中，面条不像是在被小孩吃，更像是从小孩嘴里长出来的；再如，某广告中的人物只有 4 根手指……这些明显的错误都没有检查出来就敢投放，不仅容易引起受众的生理不适，而且容易让受众觉得相关品牌太敷衍、做事不严谨，由此对相关品牌产生不好的印象。

既然要出现在公众场合，宣传物料就应该经过多层审核，而不是用一个仿佛临时赶制出来的图片敷衍大众。细节经不起推敲，甚至可笑、可怖，实在不应该。

2. AI 宣传，要关注受众的好感度

大家知道"恐怖谷效应"吗？

恐怖谷效应描述了当人类看到类似于人类的物体，特别是机器人时所表现出的积极和消极反应。该理论指出，当机器人越来越接近人类的时候，人类对它们的好感度会提升；但是当机器人无限接近人类的时候，一旦到达某个临界点，人类对它

们的好感度会大幅度降低,甚至开始莫名的厌恶和惧怕,好感度变化趋势如图 3-40 所示。

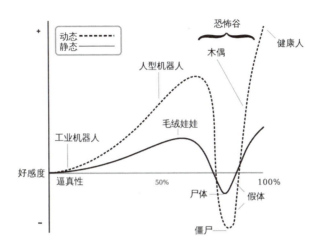

图 3-40 恐怖谷效应

当 AI 生成的图像有半真半假的油腻感时,往往会让受众有厌恶和惧怕的感觉。想象一下,当你深夜独自等公交车、坐电梯时,突然看到巨大的灯箱上有一个个笑容满面的"假人",五官没有细节,皮肤一层油光,你会不会感到毛骨悚然?

因此,在用 AI 生成的图片、海报投放广告前,有必要做一些测试,看看会不会给受众带来不适感。

3. AI 宣传,要关注受众的情感接受度

除了受恐怖谷效应影响,很多 AI 生成的图片、海报,会因有严重的虚假感和粗制滥造感引起网友的强烈反感。人们不是抵制 AI 生成的图片、海报,而是反感 AI 生成的不合常理、没有逻辑的图片、海报。

有的宣传题材非常需要真实性、人的温度,在这方面用 AI "炫技",是极令人反感的,很多大品牌就曾在这方面"翻车"。

官宣
如何做官方宣传

某品牌的预制菜广告,一经推出就遭到了网友的疯狂吐槽。广告画面中,亮暗两面的一家人正在一边吃饭,一边通过平板电脑视频通话,如图 3-41 所示。阴森的色调,AI 痕迹明显的画风,以及不恰当的借势宣传方式,怎能不引起广大网友的反感?

图 3-41　预制菜广告

为什么会引起广大网友的反感?因为春节团圆代表的是"家人""年味""人间烟火气",都表达着人们心中对"真实"的渴望,AI 生成的图片中的"假人""假食物",在情感上令受众难以接受。

AI 绘图是大势所趋,但 AI 绘图并非万能。很多人为了吹捧 AI 而鼓吹 AI 能做一切事情,这是罔顾伦理道德的。

人们其实并不是反感 AI 广告,也不是要将 AI 一棒子打死,关键是人要与 AI 相互配合,而不是做"甩手掌柜",把所有的活都丢给 AI,自己不闻不问、敷衍了事。

事实上,很多创意出众且受众喜欢的广告,是人与 AI 相互成就的。

亨氏的 AI 创意宣传是提供一系列与番茄酱相关的提示词,让 AI 生成图片,生成结果五花八门,如图 3-42 所示,唯一相同的是都包含亨氏标志性的 Logo 或瓶子。此举引发网友积极参与,大家都想看看自己生成的番茄酱包装图是什么样的,宣传效果良好。

图 3-42 亨氏番茄酱广告

雀巢旗下乳制品品牌 La Laitière 借助 AI 绘图"续画"了维米尔的经典名画《挤奶女工》,补充了这幅名画"背后的故事",如图 3-43 所示。

图 3-43 《挤奶女工》续画

很多国内品牌近年来创造了不少成功案例。比如,周黑鸭针对中秋节制作了 AI

官宣
如何做官方宣传

国潮风鸭子礼盒,被网友称为"最懂国风的 AI 包装设计",如图 3-44 所示。

图 3-44　周黑鸭联合文心一格打造的 AI 国潮风鸭子礼盒相关海报

新华社与文心一格联合推出的 AI 视频《AI 描绘"天宫盛宴"》,视频画面全部由 AI 生成,回顾了 30 年来中国载人航天工程立项实施的辉煌历程。在此次尝试中,AI 绘图不再是单纯地输出一帧帧高质量图片,而是基于统一风格,连续地讲述了一个完整的故事。《AI 描绘"天宫盛宴"》的画面如图 3-45 所示。

图 3-45　《AI 描绘"天宫盛宴"》的画面

3.4 AI配音

"注意看,这个男人叫小帅……"

"注意看,这个女人叫小美……"

大家有没有听过这两句话?为什么很多电影解说视频的男主人公叫小帅、女主人公叫小美,且连介绍音色都一样?因为这些视频里的声音都是AI生成的。AI配音早就被广泛使用了,除了电影解说,很多人平时剪辑视频时也经常用AI配音。

AI配音和真人录音相比,各有优劣。

真人录音要求录音者声音好听,对设备的要求较高,如果录音过程中出现口误,需要重录或者进行后期处理。虽然过程有些麻烦,但真人录音更有温度,能够传递一个人的情感。

AI配音的最大优势是解放了录音者,各种音色任选,不仅可以文本一键转语音,精准控制语速、语调、断句等,而且可以快速输出。虽然方便、快捷,但如果被听出来是AI配音,可信度和情感传递力度会大打折扣。

借助AI配音,可以做有声书、录课、做视频、进行数字人直播等,因此,AI配音的应用非常广泛。总结起来,常见的AI配音主要有3种。

第一种,配音软件生成的AI配音。使用配音软件,输入文本,即可生成对应的配音，产出结果是音频文件。

第二种，AI数字人的声音。将配音搭载在数字人上，可以应用于视频或者直播。

第三种，真人克隆声音。提供一段真人声音，让AI学习目标声音的特点，AI会尽可能地模仿目标声音，此过程可称为"声音克隆"。

AI配音从何而来？

市面上有大量的配音工具，有的是软件，有的是网页，还有的是小程序，良莠不齐。建议大家选择使用知名的配音工具，比如以下几款，能够满足你的所有配音需求。

一 剪映

剪映APP的配音功能在制作短视频时使用频率极高，免费，且操作简单。先创建文本，再使用"文本朗读"功能，选择音色，即可生成对应文本的配音。我们常听到的热门音色，如猴哥、熊二、紫薇、TVB女声等，都来自剪映，广西表哥、东北老铁、台湾女生等人物形象的特色方言也很受欢迎。

目前，剪映新增"克隆音色"功能，仅需要10秒录音，即可快速克隆专属音色。

剪映的用户规模大，且和抖音有深度合作，为了便于广大抖音用户制作短视频，这些功能会越来越好、越来越完善，非常值得期待。

二 微软

微软有非常强大的有声内容创作平台，支持灵活调节语音参数，轻松优化语音合成输出效果，很多爆款短视频的配音出自微软。

微软出品的Azure提供了文本转语音服务，使用起来非常简单，将要配音的内容输入文本框，设置语言、说话风格、语速、音调等，点击播放按钮，即可试听配音效果。

第 3 章
AI 多媒体内容制作

微软配音支持设置多国语言、多种语音,每种语音还有多种风格。很多用户喜欢微软配音的原因是其配音成品听起来情感比较充沛。

但微软配音有个缺点,即试听后下载受限(若有国际信用卡注册账号并登录,可以正常下载),大家可根据自己的实际情况判断是否使用。微软配音的操作界面如图 3-46 所示。

图 3-46 微软配音的操作界面

魔音工坊

魔音工坊是先进的配音工具和高效协同创作工具,有逐句试听、停顿、重读、局部变速、多发音人等丰富的调音功能,用户可以细致地打磨每句话,让配音有自然、流畅的效果,打造精品配音。魔音工坊支持音频编辑,号称"拥有 Word 般体验的音频编辑器"。

除了音频编辑,魔音工坊还支持"捏声音",即根据简单的文本描述,为用户提供个性化的声音服务,比如,克隆用户的声音,让用户拥有堪比真人声音的 AI 声音。

四 腾讯智影

腾讯智影的配音功能十分强大，进入"腾讯智影"网站主页，单击"文本配音"，选择音色，输入脚本，即可生成配音。腾讯智影针对配音的细节调整功能十分丰富，支持插入停顿、局部变速、设置词组连读、选择多音字的发音等操作。腾讯智影的文本配音界面如图 3-47 所示。

图 3-47 腾讯智影的文本配音界面

无论使用哪个配音工具，操作流程都包括创作脚本/配音文本、选择配音参数/风格、调整细节 3 个步骤。虽然配音工具中供用户选择的音色很多，但我们真正常用的并不多，建议大家多对比，找到自己喜欢的配音效果，熟练使用。

数字人 3.5

AI 能不能代替真人出境呢？可以，那就是数字人。

数字人（Digital Human / Meta Human），是运用数字技术创造出来的、与人类形象接近的数字化人物形象。目前，"数字人"的概念非常宽泛，从动画作品里的虚拟角色到微软小冰，再到借助全息技术"复活"的邓丽君，都被归入数字人范畴。

一、数字人应用案例

目前，数字人主播已在国内多家电视台"入职"。

很多电视台都打造了自己的数字人主播，央视网有"小C"、湖南卫视有"小漾"、山东广电有"海蓝"……目前，广电数字人主播多用于承担真人作业难度大的工作以及重复性的工作，从而提高广电节目的制作效率，降低运营成本。2024年，两会期间，央视财经新媒体以总台主持人郭若天、孟湛东为原型"复刻"了数字人小天、小东。两会期间，小天和小东24小时为受众解答各领域的问题，真正做到了"全天在线、真人形象、实时解答"，为受众提供了全新的视觉体验与互动体验。

在企业端，数字人也逐渐流行起来。2023年以前，我为很多企业策划过数字人

官宣
如何做官方宣传

直播,但是当时的效果并不好,因为受众一看就觉得假。在很长的一段时间内,数字人使用成本高昂且智能水平不足,虚拟感较重,说话延迟、动作僵硬等问题很明显,与其说它是数字人,不如说它是一个没有灵魂的数字皮套,没有形成真正的生产力。

直到 2023 年,以 ChatGPT 为代表的大语言模型赋予了数字人"灵魂",行业才迎来了质变。只要投入几千元到几万元不等的成本,并用一些时间录制几段音频和视频,大语言模型就能训练出目标人物的数字分身,从嘴形、说话节奏到肢体语言,有和本人几乎一模一样的效果,这类数字人,常被我们称为"克隆人"。

京东集团董事局主席刘强东用数字人"亲自上场"在京东采销直播间开启直播,如图 3-48 所示,这个数字人分身不仅有与刘强东几乎一致的外形和声音,而且能够在讲话时模仿刘强东的表情变化与肢体动作,大家说,这像不像是"克隆人"?

我的客户,中国邮政北京市分公司的数字人主播是以某资深主播为原型克隆的一个数字人,如图 3-49 所示。使用这个数字人主播,他们实现了 24 小时不停播。

图 3-48 刘强东的数字人分身　　图 3-49 中国邮政北京市分公司的数字人主播

第 3 章
AI 多媒体内容制作

如何制作数字人

如何制作数字人呢？提供相关服务的平台非常多，腾讯智影、闪剪、HeyGen、小冰数字人等都是其中的佼佼者。

接下来我们以闪剪为例，演示常见的数字人的制作过程。

1. 视频数字人

从平台提供的海量数字人模板中选择一个数字人形象，这个形象自带外形和声音，我们输入需要朗读的内容后，该数字人即可用自带的音色读出目标内容，快速生成一个视频。此外，我们可以点击"录音"，自己读目标内容，或者导入自己的音频，用自己的声音生成相关视频，操作界面如图 3-50 所示。

制作数字人口播视频的过程中，可以进行选择背景音乐、添加标题和字幕、添加图片等操作，让制作的数字人口播视频更精致。

图 3-50 闪剪的视频数字人制作界面

2. 照片数字人

制作照片数字人，即选择一张平台提供的人物照片或者上传自己的照片，手动输入需要朗读的内容或者录音并导入录音文件，让照片"开口说话"。如 3-51 所示，我上传了一张自己的照片，用于制作照片数字人。

图 3-51 闪剪的照片数字人制作界面

3. 定制专属数字人

定制专属数字人,即"克隆"一个真人,让专属数字人尽可能多地复刻真人的形象和真人的声音。

具体制作过程如下。

第一步:拍摄训练视频。

根据平台的要求拍摄一个训练视频——寻找一个安静的环境,平视镜头,吐字清晰地朗读文案。拍摄训练视频时不要太拘谨,尽量轻松地"做自己",我们给的素材越真实,定制出来的专属数字人越能"真实还原"。

专属数字人的生成效果因个人素材而异,为了获得效果最佳的专属数字人,我们在录制视频时,需要重点关注以下要求。

①脸部保持完整显示。

②表情自然,动作不僵硬。

③拍摄场景照明充足,布景满意。

④口播声音清晰、连贯、无卡顿,无环境噪声。

⑤尽量脱稿说话,更自然、自信。

第二步:验证身份信息。

为自己的专属数字人取一个好听的名字,并验证身份信息,授权平台使用我们的肖像、声音生成专属数字人及专属声音。

第三步:提交训练视频,等待平台生成专属数字人。

目前,数字人在视频领域、直播领域的应用逐步进入精细化发展阶段,商业价值正在被释放。

三 宣传中的数字人

数字人在宣传工作中的应用越来越频繁、越来越深入,因此,我们要对数字人的宣传应用方向和注意点加以了解。

1. 合规侧

因为有一些不法分子会利用数字人进行电信诈骗等非法活动，所以各平台对数字人的管理在逐步规范，大家使用数字人进行宣传，一方面要及时了解相关的法律法规，另一方面要注意保护隐私。

各大新媒体平台在不断地针对数字人的使用出台管理规则，哪些场景能使用数字人，哪些场景不能使用数字人，宣传人一定要清清楚楚，谨防因为误用造成损失。

2023年5月，抖音发布《抖音关于人工智能生成内容的平台规范暨行业倡议》，率先开放使用AI生成的图片、视频和数字人进行直播，此举同时意味着数字人要被"管"了。

2023年6月17日，中国数字人知识产权存证保护平台正式上线。中国数字人知识产权存证保护平台运用前沿技术，给数字人核发"合规审核""原创保护""身份备案""资产认定"4个证书，实现数字人用户和内容的合规并轨、可信运营。

2. 形象侧

数字人形象需要符合品牌的调性，围绕品牌的定位、产品属性、用户画像等进行打造，不要随便"套模板"或者"跟风"，因为使用不合适的数字人会让受众觉得被敷衍、不真诚，容易弄巧成拙。

3. 语言侧

如果没有好的内容，谁愿意盯着品牌的数字人看？在这一点上，宣传人必须坚持"内容为王"，一方面，不要过于依赖平台提供的"智能文案"，要结合实际情况为数字人创作合适的内容；另一方面，要提高数字人的互动能力，比如，不让数字人在直播时单纯地"念稿"，要驱动数字人实时回复弹幕，提高直播间的互动率。

4. 动作侧

目前，数字人在口播表达、手持商品等方面表现得很不错，更多、更大的动作还有待进一步开发、完善，宣传人可以高度关注相关技术的发展，拓展数字人的应用场景。

如果你还没有体验过数字人宣传，现在就打开手机或者电脑，为自己打造一个数字人看看效果吧；如果你已经准备使用数字人助力宣传工作了，不妨好好规划一下数字人的应用场景，并评估一下投入产出比，争取效益最大化。

3.6 AI 视频

2024 年 2 月 15 日（美国当地时间），OpenAI 正式对外发布文生视频模型 Sora。很快，Sora 在我国引发了全民讨论。

为什么 Sora 的关注度这么高？Sora 并非首个支持根据文本生成视频的模型，但在时长、分辨率、深度模拟真实物理世界等关键指标上，与出现时间更早的 Runway、Pika 等文生视频模型相比，Sora 表现出众。Sora 的出现，意味着 AGI（通用人工智能）的发展迎来了又一个里程碑时刻。

整个市场都"沸腾"了，历史告诉我们：一旦先行者的模式跑通，后来者的发展进程将加快，"明牌游戏"就开启了。如今，AI 视频正在成为很多 AI 大模型的重点发展方向，其在宣传方面的应用刚刚起步。

AI 视频生成

AI 视频生成工具的出现与发展对视频生产流程进行了重塑，传统的视频制作模式逐步进化为提示交互式模式，生产力得到了颠覆式提升。

第一，简化了视频制作流程。传统的视频制作流程很长，需要很多工种进行专业合作，AI 视频生成工具将多个环节的工作集于一体，省去了很多烦琐的步骤。

第二，降低了视频创作门槛，大大提升了普通人的创意和剪辑自由度。传统的视频创作受限于创作者的经验与视频拍摄、剪辑水平，很多人长期套用模板，并没有真正发挥创意，AI 视频生成工具的逐步普及，可以整体提升视频的创作质量。

第三，节省了视频制作成本和时间，这一点是最直观的。

虽然 AI 视频有诸多优点，但 AI 视频生成依然需要面对诸多制约条件，如成本高、算力瓶颈、物理现实主义的挑战、时空连续性的挑战、人机交互的限制、数据合规审查、版权风险、AI 安全问题等。

AI 视频是如何生成的？简单来说，AI 视频生成主要通过文生视频、图文转视频实现，具体的生成过程主要有 3 种，详细说明如下。

1. 大模型文生视频

使用大模型，根据输入的文字内容生成的视频，是真正意义上的 AI 视频。大模型文生视频是很多平台目前正在大力攻坚的创新方向，Sora 就是这方面的领军者。使用 Sora，可以实现通过输入包含几十个词汇的文本指令生成一段视频，目标视频是写实风格还是动画风格、是横屏还是竖屏，皆可任意选择。

大模型文生视频是比较智能的，但整个过程会耗费非常多的算力，成本居高不下。与现阶段的人工制作视频相比，大模型文生视频不仅没有成本优势，还平添了很多试错成本，只有少部分用户会用，想要市场化普及应用，还有相当长的路要走。

目前，市场上应用比较多的 AI 视频是数字人口播视频和以匹配生成模式为主的"图文转视频"视频作品。

2. 数字人口播视频

本书 3.5 节针对"数字人"为大家做了详细介绍，具体到"数字人口播视频"上，主要有 3 个生成步骤。

第一步，选择创作脚本（文生视频的一种形式）。用户可以自由编辑内容，也可以使用平台自带的"智能文案"。

第二步，选择数字人模板（或者照片）。数字人模板通常包含数字人形象和声音。

第三步，调整细节。包括调整背景、音乐、文字样式、配图等要素。

数字人口播视频是较早普及的数字人视频，如今已在新闻播报、通知发布、知识科普、人员招聘等方面广泛应用。未来，随着技术升级，在某些应用场景中，数字人有望真正地替代真人完成工作。

3. 图文转视频

图文转视频，本质上是一种素材智能匹配模式。AI 根据文字寻找与文字匹配的照片或视频画面，完成视频生成。剪映、一帧秒创等，都支持一键图文成片。

无论在哪个平台，图文转视频创作模式的总体创作思路和步骤是类似的。

第一步，确定文案。文案的获取，通常有文案输入、文章链接输入、导入本地文件、AI 在线"帮写"等方式。

第二步，匹配图片。AI 借助语义视觉理解与匹配技术，自动分析文案，智能匹配在线图片、视频片段、表情包等素材，此外，用户可以自行添加本地素材。

第三步：添加配音。AI 借助智能配音技术，选择不同的音色，针对文本完成配音。

第四步，调整其他参数。可调整的参数有视频的尺寸比例、速度、背景音乐等，有的平台还支持智能添加文字、创作 Logo 等。未来，会有越来越多的参数能够被调整，使视频创作更加精细。

一帧秒创的"图文转视频"操作界面如图 3-52 所示。

官宣
如何做官方宣传

图 3-52 一帧秒创的"图文转视频"操作界面

剪映 APP 的"图文成片"操作界面如图 3-53 所示。

图 3-53 剪映 APP 的"图文成片"操作界面

图文转视频的典型视频作品有历史视频、科普视频、情感视频、热点视频、本地生活视频、电商带货视频等，谈不上有多惊艳，但胜在制作效率高、制作成本低，对宣传工作而言，性价比非常高。

 AI 剪辑

剪辑是费时费力的工作，大量的细节操作非常耗时，如果 AI 能够帮助我们完成剪辑，会切实解决很多人的痛点问题。

AI 剪辑有两种模式，第一种模式是完全使用 AI 完成剪辑工作——用户只需要导入素材，AI 会将素材剪辑、转场、识别字幕、调色、加音乐等操作全部完成，在此过程中，用户只需要做些"选择题"或"填空题"。如果 AI 能够把这些工作全部做好，就彻底解放了剪辑师的双手，但实际上，剪辑不仅是技术活，更是创意活，面对同样的素材，不同的人有不同的剪辑思路和要求，让 AI "一站式"剪辑，效果不一定好。

因此，很多剪辑工具 / 平台力荐用户使用第二种模式，借助 AI 完成剪辑中的部分工作。仅在一些功能模块中引入 AI，技术难度更小，算力要求更低，且既能帮助剪辑师提升效率，又能帮助缺乏专业剪辑技能的人做出更优质的视频。

剪映就是这方面的标杆。剪映默默地在一次次迭代中完善了不少 AI 剪辑功能，以下几个"黑科技"，建议重点掌握。

第一，智能字幕。使用该功能，可以一键识别字幕。自从有了 AI 的加持，其准确度提高了不少，即使字幕中有错别字，也可以批量修改，很多资深的专业剪辑师因为喜欢这个功能而放弃使用原本的专业剪辑软件，转用剪映。使用该功能，还可以完成高效翻译、自动识别并删除无效片段等操作，简直是效率神器。

第二，智能搜索。目前，剪映的普通搜索已升级为智能搜索，支持搜索文件名称、画面元素、台词等。比如，用户想要快速找出素材视频中某个人物的镜头，只要点选目标人物的脸，就能自动定位目标人物的所有镜头。

第三，人声美化。剪映支持一键开启降噪、去除混响和口水音，比手动美化便捷很多。

第四，声音克隆。剪映的声音克隆技术为机器配音提供了新的选择，用户只需要对着电脑朗读指定文字，剪映采样声音后能够快速模仿其音色。

第五，智能打光。剪映能深度检测场景信息，进行模拟打光，并调整基础面光，添加氛围彩光或创意光效，让拍摄时没有打光条件的视频通过后期优化弥补光线的不足，增添光线的魅力。

第六，超清画质。在剪映中，有"高清"与"超清"两个选项，选"高清"可以使视频中的人物更加清晰、自然，选"超清"可以为视频添加更多风格化清晰效果，让视频画面更加鲜艳夺目。对低分辨率的素材来说，这个功能很好用。

第七，镜头跟踪。开启镜头跟踪后，用户可以跟踪特定的元素，如头、身体、手等。比如，剪辑跳舞视频时，选择对"头"进行镜头跟踪，可以把头锁定在固定位置，比使用 After Effects 制作同样的效果省事很多。

第八，智能运镜。使用该功能，会得到一段智能运镜视频，比人工运镜轻松很多。

此外，剪映还有智能抠像、智能裁剪、智能调色等功能，正在润物无声地影响着用户的日常剪辑。相信剪映会一步步地对更多功能完成"AI 改造"，支持更加智能的 AI 剪辑。

将一个个模块打磨成熟，让人们一步步享受最新的 AI 红利——我非常欣赏剪映的这种理念。想要一口气用 AI 替代我们完成所有工作，就像幻想吃一颗大力丸就变得无所不能一样，是不现实的。

记住，AI 不是万能的，AI 只是我们的工具。不要幻想 AI 为我们"无中生有"，我们的使用水平，决定着 AI 的生产力。

模板化视频制作

将 AI 视频生成与 AI 剪辑结合，可以把很多常用的视频场景变成主题模板，让视频创作工作和视频剪辑工作更加标准化。

比如，腾讯智影针对"视频解说"开发了模板化视频制作流程，用户可以免费使用正版影视素材写脚本、选配音，快速生成解说视频，具体操作步骤如下。

第一步，选择或上传正版影视素材。

第二步，撰写脚本。

第三步，上传或自动生成配音。

第四步，生成剪辑草稿。

第五步，完善解说视频。

在 AI 视频的应用方面，广电可谓是"敢为人先"。

2024 年 2 月 26 日，中央电视台正式播出《千秋诗颂》，这是中央电视台与人民教育出版社合作制作的小学语文课本诗词动画故事系列片，是一部文生视频 AI 系列动画片。同年 3 月 21 日，上海广播电视台发布 AIGC 系列公益广告片《因 AI 向善》。依旧是 2024 年，3 月末，中央电视台的《晚间新闻》中，一段讲述候鸟迁徙的背景资料的新闻片段中出现了"AI 创作"的水印标记。

不管是新闻报道、文艺节目，还是影视剧、动画片；不管是将节目译制成多语种版本，还是更普遍的新媒体传播……在不影响新闻节目真实性和正确舆论导向的前提下，国内广电媒体正在以前所未有的速度拥抱 AI。

第 4 章

图文编辑与发布

通过阅读第 2 章与第 3 章，我们掌握了使用 AI 快速制作各类宣传物料的方法，与过去的全人工操作相比，AI 为我们提供了新的操作思路和操作方法，让内容生产与素材制作变得又快又好。

有了海量的内容素材和宣传物料，我们应该如何触达用户、如何推动传播呢？接下来，我们分别围绕天网（第 4 章至第 6 章）、地网（第 7 章）和人网（第 8 章）展开介绍。本章，开启对天网的介绍。

天网宣传，即互联网宣传，是当前让很多宣传人又爱又恨的宣传形式。有影响力的新媒体平台太多了，要想全网推送内容，必须运营众多账号。各平台的规则和偏好不一样，对没有运营经验的人来说，多平台宣传是不小的挑战。

幸好，虽然新媒体平台很多，但发布的内容可以清晰地分为三大类型：图文、视频、直播。这 3 种形式的内容在不同平台的编辑与发布原理是基本一致的，本章主要对图文编辑与发布进行详细介绍。

图文编辑通用八步 4.1

图文形式是新媒体平台上最基础、最早流行的内容形式。官方宣传中,主流图文发布平台有 3 个,微博、微信公众号和小红书,无论哪个平台,图文编辑的流程是一致的。

从宣传人的角度说,拿到宣传素材后,可以按照写标题、写正文、配图、设置链接、排版、确定封面、发布设置、合规检测这八步进行图文编辑。这八步,每一步都很重要,每一步都偷不得懒。宣传人是素材提供者与平台之间最重要的中间人,千万不可以盲从素材提供者,忽视平台对图文内容发布的要求。

一 写标题

受众点开文章之前,看到的只有标题和封面,因此,标题和封面是决定受众是否点击文章进行阅读的重要因素。几乎所有人都知道标题很重要,但知易行难,很多宣传主体在做宣传时,很容易在写标题方面犯"自嗨"的错误。

什么是"自嗨"?就是仅站在自己的立场考虑问题,自己觉得非常好,但是受众不买账。被指出这个问题后,很多人会振振有词地辩解,如"我们是国企,就得

> **官宣**
> 如何做官方宣传

正规""我们总不能当'标题党'吧""除了这样写标题,还能怎么样"……下面,我们来看几个实例。

中国电信发布了一篇文章,标题为"互联网新生活,翼起看5G",大家觉得这个标题好不好?

招商银行发布了一篇文章,标题为"数智转型,服务有招",大家觉得这个标题好不好?

从企业的角度看,中国电信把自己的品牌"天翼"的"翼"融入标题,招商银行用"有招"一个词巧妙地涵盖了自己的公司名称"招商银行"和"有绝招",一语双关,非常有创意。可从受众的角度看,这些标题想要表达什么?跟受众有什么关系吗?关系并不大。

以上是我在培训中遇到的真实案例,都是优秀的"自嗨式标题"。

什么样的标题是好标题?我们要深刻地理解,**好标题的本质是给受众一个阅读文章的理由**。只要受众找不到阅读的理由,不点击阅读,一切努力都是白费的。"给理由"不等于"标题党","给理由"是宣传人和受众建立链接的最基本的"诚意"。

写标题就像钓鱼,"自嗨"的标题犹如明晃晃的鱼钩,好标题则犹如鱼饵,鱼儿会尝试咬鱼饵,但不会主动咬鱼钩,因为鱼饵是鱼儿爱吃的,能够吸引鱼儿。

宣传人发布作品前,需要认真检查标题,就好像钓鱼者在抛竿之前,需要认真检查自己是否上好了鱼饵。

标题的创作技巧有很多,大家掌握几种常用的技巧即可,已出版的图书《运营之巅:非互联网行业的新媒体运营》(简称《运营之巅》)中介绍了5个最核心的写标题的技巧,我将其做成了知识卡片,如图4-1所示。

第 4 章
图文编辑与发布

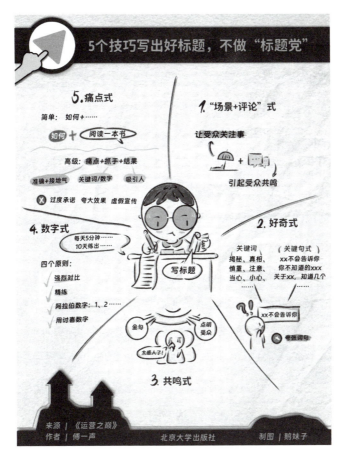

图 4-1 写标题的 5 个核心技巧

除了自己写标题，还可以使用 AI 工具写标题，具体做法分为三步。

第一步，给 AI 投喂 50 个好标题作为参考。这样的好标题很好找，在搜索引擎中输入"公众号优秀标题""小红书优秀标题""抖音爆款标题"等语句，完成搜索，即可获得很多好标题。

第二步，让 AI 总结这些好标题的规律。

第三步，让 AI 根据规律，围绕指定主题，撰写好标题。

AI 新媒体时代，宣传人要重点提升的是对标题的鉴赏能力，以便指导 AI 批量完成具体的创作工作。

二 写正文

围绕标题写正文，是写新媒体文章的常见做法。

有的创作者想不出好的标题，会先进行正文编辑，再补充标题，这个习惯不好。在新媒体宣传中，受众是被标题吸引，进而阅读文章的，如果不先写好标题，写作流畅度必然大打折扣。如果一时想不出特别满意的标题，暂时拟一个标题，写完正文再优化，也比跳过标题写正文的方式好得多。

关于正文的写作，有3个重要原则。

第一，关注文体要求。

如果是正式消息，比如官方通告、重大声明等，一定要按照规定的格式写，严肃认真，规规矩矩。严谨是官方态度的重要体现，态度不端正，在受众看来就是"不真诚"，这样的宣传一开始就输了。这些年，出现过很多官宣内容有错别字、有语病、忘了盖公章等现象，这样的官方不仅没能"以正视听"，反而加剧了谣言的发酵。如果是非正式消息，比如活动通知、产品推荐等，文体和风格相对而言比较灵活，提倡用受众更加喜闻乐见的表现方式写作。

第二，关注正文逻辑。

大多数自媒体图文写作的逻辑是以受众为中心。

为什么文章要分点？因为看起来更有层次感，读着不累。为什么文章要配图？因为可以帮助受众理解内容、产生直观印象。宣传人遇到没有用户思维的稿件、没有逻辑的稿件，就需要修改。

如何判断正文是否有逻辑？我的经验是先把文章中的要点写出来，一个要点对应一个关键词，再按照顺序排列所有关键词，用自己的话串起来讲一遍，如果能够很顺畅地串起来讲，说明逻辑清晰；如果串起来后很难流畅表达，说明逻辑不清，或者逻辑层次过于复杂。

第三，关注"完成率"思维与"跳出率"思维。

所谓"完成率"，指的是阅读完整文章的受众占阅读该文章的受众的比例，"完成率"的反面是"跳出率"。具备这两个思维，便能理解为什么文章要深入浅出、通俗易懂，为什么文章的排版要让受众感觉舒服了。

微信公众号中有一个数据分析指标，名为"阅读完成情况"，界面如图 4-2 所示。微信公众号会针对每篇文章统计受众在什么位置"跳出"了文章，"跳出"指受众在该位置结束了阅读。"跳出比例"越低，阅读完成度越高，大家发布公众号文章后，可以结合公众号后台的阅读完成情况进行复盘，反思正文的表达。

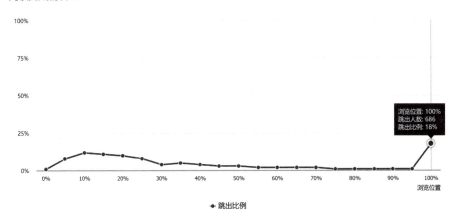

图 4-2　微信公众号"阅读完成情况"界面

三　配图

配图在优化阅读体验中起什么作用？那些优秀的文章中隐藏着哪些配图的小心思？在如此"卷"的图文宣传工作中，怎样用配图增加胜算？配图大有学问，但很少有人研究。

图文作品中的配图有两个主要作用。第一，图片本身包含重要的内容，比如，介绍某活动的文章，展示现场图片胜过千言万语。第二，阅读是视觉行为，在一篇以文字为主的文章中，大段的文字会令受众感到视觉疲劳，适当添加配图有让受众的大脑休息片刻的作用，这种短暂的休息体现为视觉上的停顿，阅读停顿越多，受众在文章页面停留的时间越长，越容易读完一篇文章。此外，不同色系、画面的图片，给受众的空间感不一样，好的配图方案能起到"画龙点睛"的作用，让枯燥的文字鲜活起来。

因此，我们必须明确配图的要求并掌握配图的技巧。

1. 把控图片质量

高清、无水印是最基本的要求。

2. 统一排版

想让配图有好的视觉效果，需要做好排版工作。很多宣传人配图时喜欢使用第三方编辑器里的各种图片框，各种形状堆积，看似炫酷，实则容易导致图片变形，反而不美观。最简单、高效的图片排版方法，是让图片宽度保持一致。与此同时，图片的位置参数最好保持统一，包括两端对齐、居中显示、两端缩进、上下留白等参数。

3. 关注版权风险

注意图片版权，防止侵权。如今，宣传人编辑与发布官方宣传文章时对图片版权的重视程度越来越高，不敢随便使用从网上搜索来的图片，转而使用无版权免费图库中的高清图片，或者购买付费图库中的图片使用，这是好事，不过由此导致不同的宣传文章中经常出现雷同的配图。

使用 AI 绘图生成符合要求的图片是不错的选择，那么，使用 AI 生成的图片有侵权风险吗？文心一格明确说明：使用本平台 AI 创作服务生成的图片，下载后允许个人使用和合法合规范围内的商业用途。

4. 合理选择图片格式

文章配图一般使用3种格式的图片，分别为JPG、PNG、GIF。

JPG是一种常用于摄影作品或写实作品的有损压缩图像文件格式；PNG是一种清晰、支持透明、支持无损压缩的位图图形格式；GIF是一种色彩效果一般、体积小、支持透明的图像文件格式。为了达到最好的效果，不同文章对这3种格式的图片是有不同偏好的。

第一，通常情况下，PNG格式的图片要比JPG格式的图片大一些，GIF格式的图片体积最小。在这个追求速度的时代，图片刷新速度严重影响着受众的阅读体验，选择正确的格式，可以提升受众体验。

第二，色彩丰富的图片（摄影图、写实图），建议首选JPG格式，次选PNG24格式（PNG后面的数字代表这种PNG格式最多可以索引和存储的颜色值）；存在大面积色块或存在渐变色彩的图片（插画、海报），建议首选PNG24格式，次选GIF格式；单色调图片（Logo、文字、动画等），建议选择使用GIF格式或者PNG8格式。

第三，如果图片内容是白底黑字或蓝底白字的官方通告，建议首选GIF格式，次选PNG8格式，可以带给受众更好的阅读体验。

如果图片格式不符合要求，我们可以修改图片格式。

5. 善用图片聚焦效果

好的图片能够留住受众的目光。相信很多人看过如图4-3所示的图片，图中标志性的大眼睛近乎成为希望工程的代名词。

图4-3 1991年，《中国青年报》记者解海龙在安徽省金寨县张湾小学摄下的刻苦学习的苏明娟，成为希望工程的形象代表

对人物、动物类配图而言，"眼神交流"会大大提高配图的聚焦能力。

对风景类配图而言，有冲击力的细节特点容易让配图产生聚焦效果。

此外，特别提醒，写情感类文章时，配一张有故事的 GIF 格式的图，能让受众瞬间身临其境，产生共情。

6. 妥当处理图片色彩与文章基调的关系

一般，一篇文章的文字的颜色不要超过 3 种，配图的用色要尽量与文章的主色调保持一致。注意，色彩能够传递情绪。

红色代表危险、重要、激情；橙色代表自信、能量、乐观；黄色代表阳光、幸福、警示；绿色代表自然、生长、成功；蓝色代表舒适、放松、信任；紫色代表豪华、优雅、创新；黑色代表力量、敬畏、精致；白色代表健康、纯洁、高尚；粉色代表温柔、甜美、浪漫；灰色代表中性、专业……

因此，新闻类的文章偏黑灰系、文艺范的文章偏粉色系、小清新的文章偏蓝绿系……总之，所选色彩要和文章基调契合。

7. 优先使用品牌颜色

很多品牌有自己的标志性颜色，那是品牌的"视觉锤"。配图时优先使用品牌颜色，是品牌建设中非常关键的一步。

品牌颜色，如爱马仕的橙色、星巴克的绿色、瑞幸咖啡的蓝色、肯德基的红色、微信的绿色等。

8. 辅以配图设计

有时，配图需要设计、优化。我们可以直接使用稿定设计、创客贴等图片模板在线设计网站完成相关工作，这些网站提供了对应各种平台、各种应用场景、各种行业的海量模板，既规范，又让人省心。在稿定设计中搜索"文章配图"，就能轻松获取很多模板，如图 4-4 所示。

图 4-4　稿定设计中的文章配图模板

四　设置链接

除了可编辑图片与文字，图文自媒体平台一般支持设置链接，点击链接，即可跳转目标位置。在图文作品中善用链接功能，可以很好地实现多维度展示、引流、带货的目的。宣传人需要明确各平台添加链接的规则并熟练掌握相关添加方式，各平台链接主要有以下几类。

①视频链接。如果需要使用本地视频，要先将视频文件上传到发布平台，再选择目标视频嵌入文章；如果需要使用在线视频，直接插入目标视频对应的网址即可。有的平台对视频链接有限制，比如，微信公众号只支持插入微信视频号的视频链接与腾讯视频的视频链接。

②音频链接。插入原理同视频链接，必须先上传音频文件或者链接到某音频平台。

③超链接。在受众端的效果表现为受众点击某段文字或者某张图片，可以跳转另一篇文章。以微信公众号为例，在微信公众号文章中设置超链接，需要两个步骤，第一步是设置受众能看到的文字或者图片，第二步是选择要跳转的目标文章，这里

的文章既可以是自己的往期文章，又可以是其他公众号中的文章。

④我的文章。很多平台支持创作者在写文章时插入其他文章的链接，一方面可以用其他文章进行补充说明，另一方面便于推荐更多关联内容给受众。

⑤小程序。插入原理同超链接，设置一段文字、一张图片或一个小程序卡片，受众点击即可跳转小程序页面。

⑥广告。插入广告，广告创意即可呈现在文章中。大多数平台设置插入他人广告有收益分成。

⑦投票。插入投票，受众可点击选项进行投票。

⑧商品。插入商品链接，即可进行带货。

⑨地理位置。插入地图中的某地址。

⑩账号名片。有的平台支持创作者插入自己的或者他人的账号名片，受众点击账号名片即可进入相关主页。这是账号互推的常用方法。

五 排版

图文排版是非常重要的工作，就算有好的内容，如果没有好的排版，受众的阅读体验不好，阅读完成率也会很低。相较于办公软件中的排版，自媒体平台上的排版通常是比较简单的，平台设置了较少的参数，以保障排版的相对规范。

文章的字体、字号、颜色、段落、留白、配图等，都是文章排版的元素，好的排版，就是将这些元素以一种恰当的比例组合起来。

如何拥有精美的排版？

第一种方法，全手工排版。这是最原始的方法，工作量较大，但这同时是制作模板的最好方法。宣传人选择一篇有代表性的文章，全手工排版至理想状态，以后排同类文章，只要在这篇文章的排版基础上修改即可，不需要重新设置各参数。

第二种方法，找到喜欢的文章版式，1∶1复刻。微信公众号甚至支持复制他人的文章，粘贴后，格式一并被粘贴，在此基础上微调即可。

第三种方法，微信公众号文章支持使用秀米、135编辑器等第三方编辑器编辑，使用这些编辑器，可以实现更多创意排版与复杂排版。

六 确定封面

封面一般需要在文章完成排版之后、发布之前确定。如前文所述，标题和封面在很大程度上决定着受众是否愿意点击文章进行阅读，封面的重要性一点不亚于标题。看到一篇文章，有些受众的第一反应是看标题，还有些受众的第一反应是看封面。

在图文编辑工作中，最开始，封面并不是很受重视，很多公众号会选择用风景图或者插画当封面。随着短视频的流行，这一切正在悄悄发生改变，越来越多的人开始关注封面，这个变化深刻地影响着图文编辑工作。做一个吸引人的封面，目前已成为图文编辑工作的重点之一。

宣传人需要特别注意，不同平台适用的封面尺寸不一样，如果要将同一篇文章分发到不同平台，需要根据各平台的要求制作多个尺寸的封面。如果已知封面会被裁剪，要确保主要信息在安全区域内。主要平台的最佳封面尺寸如下。

公众号文章封面：（大封面）900px×383px、（小封面）200px×200px。

朋友圈封面：1280px×1184px。

小红书图文封面：（竖版）1242px×1660px（3∶4）、（方版）1080px×1080px（1∶1）、（横版）2560px×1440px（16∶9）。

微博头条封面：980px×560px。

百家号封面：500px×330px、600px×400px。

稿定设计、创客贴等图片模板在线设计网站帮我们总结好了以上内容，我们只要选择合适的模板，把模板中的文字、图片、Logo等信息替换成自己的内容即可。

官宣
如何做官方宣传

在线设计网站稿定设计的封面场景模板选择界面如图4-5所示，分平台、分行业、分用途地整理了众多优秀模板，改改就能用。

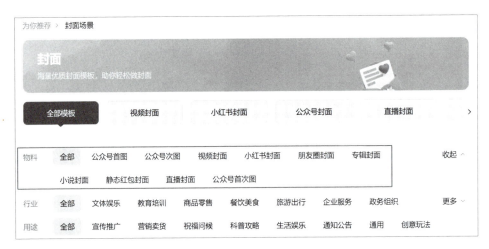

图4-5 稿定设计的封面场景模板选择界面

七 发布设置

以上6个步骤完成以后，一篇图文文章的主体部分已经编辑完成。接下来要做的是将文章发布到各平台，发布文章时，还需要填写一些发布信息，如标题、简介、话题，并@好友、选择活动、插入商品、插入位置等，这些设置，统称为"发布设置"。

很多创作者不重视发布设置，经常在发布文章时匆匆填写相关内容，这是不好的习惯。每篇文章的发布设置中的一些细节，应该在进行图文编辑的时候便想好并做好记录，这样，即便编辑与发布有较长时间的间隔也不至于忘记。此外，还有一个方法，即进行图文编辑时便把能确定的发布设置设置好，保存为草稿。

八 合规检测

很多宣传人遇到过文章发布后阅读量一直无增长，甚至过了几天发现文章被下架的情况，这大概率是因为文章内容中有敏感信息。内容编辑完成后，我们需要进行一次合规检测，检测内容中有没有违规信息、敏感词。

如何做好合规检测工作？有3种有效的方法。

第一，充分了解网络宣传和内容制作的规范。不同平台的基本规范是相差无几的，本书在附录中详细罗列了常见的宣传舆情风险，读者可直接翻到附录部分进行查看。各平台的具体规范，作为宣传人，要熟读甚至记忆，由于内容篇幅极大，本书不便罗列，读者可以自行进入目标平台查看。以微信公众号为例，进入微信公众平台，滑到页面底部，单击"规则中心"，即可看到详细的微信公众号具体规范，既包含行为、内容、数据使用等方面的规范，又详细罗列了诱导违规行为、违规导流行为、过度营销、标题煽动夸大误导违规等4类容易犯错的案例解析、案例集锦，非常详细，值得学习。

微信公众平台规则中心的界面如图4-6所示。

图4-6 微信公众平台规则中心的界面

第二，借助平台或第三方检测工具完成检测。很多时候，我们明知道规范，还是会不自觉地使用敏感词，那么，如何发现问题呢？发布文章前使用平台自带的检测功能，或者第三方检测工具进行检测，能够发现绝大部分问题。

微信公众平台自检工具的使用界面如图 4-7 所示。

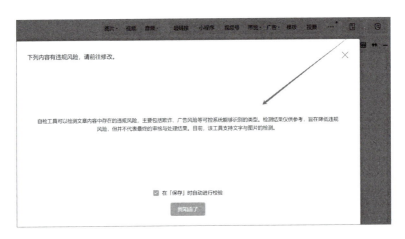

图 4-7 微信公众平台自检工具的使用界面

第三，不断提升自己对风险的敏锐度，积极学习有关意识形态、舆情风险的知识。对机关单位、国企、央企的宣传人来说，还要加强对意识形态及主流价值观的学习与了解。在宣传培训中，我经常单独讲"意识形态与舆情规避"相关知识，很多案例，大家听完会觉得匪夷所思，但实际工作中，很可能一不小心就遭遇"无妄之灾"。

"意识形态与舆情规避"的相关课件，可按照本书前言介绍的方法获取。

以上 8 个步骤便是图文编辑的完整流程，养成良好的工作习惯，可以提高工作质量、工作效率。

具体到不同的平台，各有需要关注的特点，接下来着重介绍微信公众号、小红书、新浪微博 3 个平台。熟练掌握这 3 个平台的操作方法，基本可以应对所有宣传中的图文编辑与发布工作，即便还有更多平台需要面对，也可以通过举一反三解决绝大多数问题。

公众号图文编辑与发布 4.2

自 2012 年上线以来，微信公众号经历十余年的互联网风云变幻，依然有着不可撼动的地位。作为老牌自媒体平台，微信公众号和新浪微博已经成为很多政府机关、事业单位、企业、名人必不可少的官方发声渠道，其官方权威性是远超抖音、快手等平台的。

一 订阅号与服务号

微信公众号分为订阅号和服务号。

订阅号的定位是为媒体和个人提供信息传播方式，主要功能是通过微信给用户传达资讯。订阅号功能类似报纸、杂志，主要传播新闻信息、娱乐趣事，适用人群包含个人、媒体、企业、政府及其他组织。订阅号每天可群发 1 次消息，每次最多可以发 8 条内容。

服务号的定位是帮企业和组织拥有更强大的业务服务与用户管理能力，主要功能偏服务类交互，类似于 12315、114，能够提供绑定信息等交互服务，适用人群为媒体、企业、政府及其他组织。服务号每月可群发 4 次消息，每次最多可以发 8 条内容。

订阅号和服务号各有优势。订阅号的优势在于群发数量，服务号的优势在于提醒强度——服务号群发的内容会直接显示在聊天列表中，有一个"红点"提示，对受众来说是很直接的内容推送，被阅读的概率很大。

个人只能开通订阅号，组织既可以开通订阅号，又可以开通服务号。对宣传主体而言，开通订阅号旨在推送较多的内容，提高粉丝黏性；开通服务号则旨在推送企业的新消息、发布重要内容等。

到底是应该开通订阅号还是应该开通服务号呢？在互联网信息内容主管部门的指导下，为加强账号管理，同一个企业、个体工商户等组织可以注册并认证2个公众号，政府、媒体等可以注册并认证50个公众号。也就是说，订阅号和服务号是可以兼得的。

运营官方账号，必须学习并掌握相应的运营规范，包括注册规范、认证规范、微信公众账号行为规范、公众号发送内容规范、数据使用规范、支付规范、内测规范等。

"公众号运营规范"的相关课件，可按照本书前言介绍的方法获取。

 图文编辑

随着公众号的不断迭代、升级，其创作功能越来越完善，如今，公众号不仅能够发布图文消息、文字消息、音频消息、视频消息等多形式的内容，还可以直接转载他人的作品。公众号支持的创作形式如图4-8所示。

图4-8 公众号创作形式

虽然公众号的功能已经如此完善，但是人们对于公众号的认知还停留在以发布图文消息为主。虽然公众号支持发布视频消息，但人们更倾向于使用专门的视频平台看视频，这种倾向性是根深蒂固的，所以微信在大力发展自己的微信视频号。腾讯公司高级副总裁、微信创始人张小龙表示，公众号是文章的载体，视频号是短视频的载体，将公众号与视频号相关联，是官方宣传的标配。

因为本章以"图文编辑与发布"为主题，所以接下来我们谈的公众号内容的编辑与发布，主要指图文内容的编辑与发布。

微信公众号图文内容的编辑流程和编辑注意事项已经在 4.1 节"图文编辑通用八步"中详细介绍过了，并无特殊之处。关于公众号图文编辑的具体字体、字号、段落、标点符号、排版规范、引导内容设计等细节，我在《运营之巅》第 6 章 6.2 节中进行了详细讲解，本书不再赘述。

图文发布

图文编辑完成后，进入发布阶段。图文发布分六步完成，接下来逐一介绍。

第一步，检查文章"四件套"，即标题、正文、封面和摘要。

文章"四件套"是一篇文章必备的内容，缺一不可。标题和封面用于激发受众的阅读兴趣；摘要用于帮助受众快速了解文章主题，并进一步调动受众的阅读兴趣；正文的重要性更不必说，是文章的主体。

第二步，声明原创。

声明原创成功将获得原创标识，展示在文章标题下方。声明原创成功的文章将获得平台的著作权保护，高质量的内容还可能获得平台的推荐。声明原创需要填写作者、文章类别、白名单，并设置是否允许快捷转载。

什么是白名单？通过添加白名单，可授权某些公众号转载文章，并允许修改或不显示转载来源，在文章群发后生效。

官宣
如何做官方宣传

快捷转载是近年推出的新功能，如果未开启快捷转载，只有白名单账号能转载对应文章；如果开启了快捷转载，所有账号都能转载对应文章，转载时会显示转载来源且不允许修改，如图4-9所示。是否开启快捷转载不影响白名单账号的转载权限。

图4-9 开启快捷转载后的转载显示

第三步，设置赞赏或付费。

声明原创的文章，可以选择使用赞赏功能，原创与赞赏设置界面如图4-10所示。赞赏是受众认可内容和作者，自愿赠予礼物鼓励作者的无偿行为。官方号发布文章时，不建议使用赞赏功能。

图4-10 公众号的原创与赞赏设置界面

声明原创的文章可以设置为付费阅读，付费方式包括单篇付费（受众购买单篇文章后，即可阅读全文）与合集付费（受众购买目标合集后，即可阅读该合集中的全部文章）。在公众号后台，可以设置付费金额、可试读比例等，并允许付费用户给1位朋友赠送免费阅读文章的机会。开启快捷转载的文章不可设置为付费文章，付费文章暂不支持转载和插入广告。

第四步，其他文章设置。

①插入广告。在文章中或者文章结束后插入广告，可选"智能插入广告"或"手动插入广告"。

②添加原文链接。添加原文链接后，受众点击文章左下角的"阅读原文"即可跳转对应文章。

③设置留言及回复权限。设置谁可以留言、谁可以回复留言，以及是否为作者精选后才公开，这是控制评论内容的重要操作之一。

④设置快捷私信。设置已关注公众号的用户是否可在文章内快捷发私信。

⑤设置合集。选择合集标签，可将目标文章添加到合集中。合集标签可以被受众订阅，也可以被推荐。设置合集后，合集将展示在文末，受众可以在侧边栏的合集标签处开启或关闭连续阅读功能。开启连续阅读功能后的显示效果如图4-11所示。

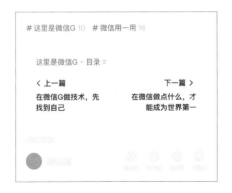

图 4-11　开启连续阅读功能后的显示效果

⑥设置不允许被平台推荐。如今，公众号引入了算法推荐机制，已发布的文章有可能会被推荐给未订阅的受众。勾选"内容将不会被推荐"，可让系统只将文章推送给已订阅的用户，不进行更大范围的扩散。这个功能的推出照顾到了一些特殊宣传的需要，非常人性化。

⑦标注创作来源。根据中央网信办秘书局发布的《关于加强"自媒体"管理的通知》，"自媒体"在发布涉及国内外时事、公共政策、社会事件等内容的信息时，平台应当要求其准确标注信息来源，发布时在显著位置展示。标注创作来源时，可勾选"内容由 AI 生成""素材来源官方媒体/网络新闻""内容剧情演绎，仅供娱乐""个人观点，仅供参考"等选项。

以上公众号文章设置界面如图 4-12 所示。

图 4-12　公众号文章设置界面

第五步，发布前检查。

完成以上所有操作后，对文章内容、格式、设置等进行检查。单击"保存为草稿"，系统会自动进行校验，自检工具可以检测文章是否存在违规风险，比如欺诈、广告风险等系统能够识别的风险。自检工具能够对文字与图片进行检测，如发现问题，会提示用户进行修改。系统检测结果仅供参考，能够降低违规风险，但不等同于最终的审核与处理结果。

第六步，预览并发布。

单击"预览"，可以预览文章效果。发布文章前一定要预览，认真检查内容和排版的准确性，及时调整。确认无误后，单击"发表"，即可选择立即发布文章或定时发布文章。公众号支持精准推送文章，通过设置"分组通知"，可选择国家/省/市、性别、标签等进行精准推送。

4.3 微博图文编辑与发布

作为社交媒体,微博就像一个广场,承载着公共舆论和文娱消费内容。

微博于2009年上线,上线时的定位是一款为大众提供娱乐休闲生活服务的信息分享和交流平台,经过十余年的发展,文字、图片、视频、直播的复合产品形态让它的内容层次越来越多样,成为官宣阵地中不可或缺的存在。在很多单位开展的新闻宣传工作培训中,微博编辑与发布是必学内容。相较于抖音、小红书等平台,微博已不"年轻",为什么还有这么多人喜欢用微博?微博为什么还是宣传的必备平台之一?

原因一,微博有新闻客户端属性。重大新闻事件、最新消息常通过微博迅速抵达海量人群。

原因二,官方微博普及率高。大多数名人、企业、政府部门有官方微博,发生大事,常常选择在微博上官宣,这决定了微博经常是大事发生时的第一个宣传阵地。

很多互联网企业做过类似于微博的优秀产品,但均难以撼动微博的官宣地位。2017年4月,今日头条上线微头条,对标微博。微头条推出后,吸引了不少名人、企业、政府部门入驻,但事实证明其发展不如预期,并没有形成生态,没有像微博一样成为各宣传主体官宣的首要选择。

第 4 章
图文编辑与发布

一、微博内容形式

微博的内容表现形式是比较丰富的，限制相对较少，宣传包容性非常强。

1. 短微博

如今的短微博已经突破以往 140 个字的限制了，但如果内容比较多，一定要关注排版效果，可以多分段，减轻受众的阅读负担。

2. 头条文章

头条文章指微博中的长图文，类似于微信公众号文章。

3. 图文微博

常见的图文微博是单图微博、三图微博、六图微博、九图微博，甚至十八图微博。注意，编辑与发布图文微博，配图要整齐，让受众看着舒服很重要。比如，人民日报官方微博常发的九图微博非常受欢迎，发布效果如图 4-13 所示。

图 4-13　人民日报官方微博发布的九图微博

4. 视频微博

视频微博是微博官方大力扶持的一种微博形式，建议大家多发视频微博。关于微博中视频微博的编辑与发布，在本书第 5 章中有详细介绍。

5. 投票

针对热门话题发起投票，是非常有效的提升互动量的方式。即使是微博新号，发起投票也有可能获得大量受众的参与。

6. 直播

直播也是微博官方重点扶持的微博形式之一，微博直播以泛娱乐直播为主。

此外，微博上还有抽奖、超话帖、热搜等内容形式，大家可自行了解。

头条文章发布

图文微博的编辑与发布操作简单，容易上手，无非是上传图片、输入文字，与发微信朋友圈类似，没有任何难度。头条文章的编辑与发布相对来说复杂一些，接下来进行详细介绍。

头条文章的编辑与微信公众号文章的编辑差不多，页面布局与排版工具基本一致。编辑头条文章，需要编辑标题、导语（相当于摘要）、正文，并设置封面（16∶9 的尺寸比例）。发布头条文章时，可以对以下内容进行设置。

①设置加入专栏。微博中的"专栏"，相当于微信公众号中的"合集"。

②勾选"仅粉丝阅读全文"。这是一个促进涨粉的功能——勾选"仅粉丝阅读全文"，意味着受众想要看全文，需要关注发布者。

③勾选"同步至新浪新闻"。

④设置推荐文章。可选择 3 篇以往发布的文章进行推荐阅读。

⑤微博赞赏设置。可设置赞赏金额。

以上内容的设置界面，即微博头条文章的发布页面如图 4-14 所示。

图 4-14　微博头条文章的发布页面

完成对以上内容的设置后，单击"错字检测"，即可检测头条文章中有无错别字，确认无误后单击"下一步"。

进入撰写微博信息阶段，系统默认出现"发布了头条文章:《××》"字样，发布者可以在其后添加更多内容，如表情、话题、标签，并@好友，相关页面如图 4-15 所示。

图 4-15　微博动态发布页面

单击"发布",即可发布相关微博,将受众引入对应的头条文章。发布者可以选择公开给所有人看,也可以选择只给粉丝看。

微博发布技巧

如果想使用图文微博做宣传,还有一些技巧需要学习。

1. 文字排版技巧

微博文字内容的第一句话,通常可以视为微博的标题,因此,一定要重视对第一句话的打磨。发布者可用写公众号文章标题的方法写微博文字内容的第一句话,并在排版上加以突出。

为了让受众有良好的阅读体验,建议发布者针对微博文字进行"分段式排版",具体表现为两种情况。

如果目标微博多为长句,则段落之间要有空行,不让文字堆砌在一起,阅读体验会更好。

如果目标微博多为短句,则可以考虑使用"短句+分段"的技巧。注意,如此排版时,短句可以不带标点,一个短句一行,使用手机竖屏阅读时的体验会很好,是一种"扫着看"的感觉,不容易累。

2. 标签、话题使用技巧

发布微博时添加合适的标签、话题,可以使该微博更好地被搜索引擎和受众发现。添加与内容主题相关的标签、话题,能够高效借力标签、话题的热度和流行度。我们常说的"蹭热点",指的就是结合热搜话题发布内容。

3. 风格选择技巧

微博平台的属性偏娱乐，如果微博内容太枯燥，往往没有受众关注。文字风格和配图若能够跳跃、活泼一点，阅读量和互动效果会更好。

4. 更新频率控制技巧

微博账号的运营对发布频率的要求比较高，定期更新微博是涨粉的关键。运营微博账号，可以制订一个发布计划，每天/每周发布一定数量的微博，保持与受众的互动。除了发布原创微博，还可以转发有影响力的微博——选择与自己的目标受众相关的有影响力的微博账号，转发对方的高热度微博，可以提高自己的关注度和转发率。

旺旺在微博的宣传算是企业微博宣传的标杆，一个40多岁的"中年"品牌，在互联网上展现了妥妥的"00后"冲浪风格。

"@旺仔俱乐部"是品牌IP账号，"@Matt旺家""@蔡旺庭"是真人高管账号，和各产品线的官微账号形成了矩阵。"@旺仔俱乐部"作为旺旺团宠，以活泼、有梗、5G冲浪的仔的形象被网友喜爱；"@Matt旺家"有着总裁人设，带动品牌蓝V家族，全员"喜剧人"式活跃在微博上，追得一手好热点，紧跟社会事件，各种互联网流行词汇信手拈来，随时接梗，热度很高。由此可见，真实的、有人格的社交账号是对品牌个性的体现，能够帮助品牌获得"社交好感度"，赢得粉丝的喜爱。

5. 活动参与技巧

微博官方会定期投放话题流量资源，或者对部分超话进行扶持，多关注官方动态，及时参加官方扶持的活动，有利于提高账号的影响力。正所谓"众人拾柴火焰高"，微博官方也非常需要创作者多参加他们主推的活动，共同造势、互利共赢。

官宣
如何做官方宣传

6. 广告利用技巧

投放微博广告是扩大曝光、增加关注度的重要手段，宣传主体可以酌情通过投放微博广告提升影响力。

7. 抽奖功能使用技巧

相较于投放微博广告，组织抽奖是把福利让给受众，换取受众的参与和传播。抽奖是微博上常见且有效的宣传推广行为。

什么样的微博是抽奖微博？带有活动规则、活动奖品、抽奖时间并@微博抽奖平台的微博。活动规则的设置与账号的抽奖权限有关，开通了品牌服务包抽奖权限的微博账号才可以在发起活动时设置对应权限的活动规则。

抽奖微博的格式与内容实例如图 4-16 所示。

图 4-16　@傅一声发布的抽奖微博

如何进行微博抽奖设置？

网页端抽奖设置流程：个人主页→创作者中心→运营助手→抽奖中心→已发布

的抽奖微博→单击"抽奖"→抽奖设置。

移动端抽奖设置流程：点击"我"→创作首页→抽奖平台→已发布的抽奖微博→抽奖设置。

微博抽奖平台支持的设置：关注、转发微博，评论微博，点赞微博，@好友（最多3位），添加关键词，同时关注其他账号（最多1个）等。

网页端可设置的奖品有实物奖品、现金、虚拟奖品、微博会员；移动端可设置的奖品有实物奖品、现金、微博会员。

特别提醒，抽奖条件的实际设置必须与所发微博的活动描述完全一致，就算是发布者，也不得私自增减、修改抽奖条件。此外，所设置的抽奖条件会在抽奖结果页对所有受众公开展示，违规设置抽奖条件会受到惩罚。

抽奖既可以给粉丝送福利，又可以借粉丝转发扩大传播面，还可以为账号吸引更多粉丝，可谓"一箭三雕"。

我的图书作品《运营之巅：非互联网行业的新媒体运营》上市时做了很多微博抽奖活动进行宣传推广，很多大V发布了抽奖赠书的微博，在短时间内引发上百个评论和转发，如图4-17所示，宣传效果显著。

图4-17 @方益松的抽奖微博

官宣
如何做官方宣传

8. 品牌联动技巧

品牌之间的"梦幻联动"一直广受粉丝欢迎。各品牌互相借势、共同造势，是互利共赢的行为。

海尔的官方微博经常与其他品牌联动，联动时总是非常大方地给粉丝送福利。如图4-18所示，海尔与旺仔开展联合抽奖活动，奖品吸引力强、活动关注度高，对海尔与旺仔而言是双赢的事。

图4-18　海尔与旺仔的联动微博

小红书图文编辑与发布 4.4

小红书作品多被称为"笔记",包括图文笔记、视频笔记和直播3种形式。很多朋友有所疑惑:"直播也算笔记?"没错,作为内容的展现形式之一,直播与图文、视频无本质区别,也是笔记的一种。

随着小红书平台的红利逐渐被重视,如今,小红书已经成为宣传工作中新的"兵家必争之地"。

图文笔记是小红书笔记的重要组成部分,建议宣传人编辑与发布小红书笔记,从编辑与发布图文笔记入手。即使有成熟的视频团队了,也最好不要忽视小红书图文笔记。

小红书的图文编辑不像微信公众号的文章编辑那样复杂,编辑难点也没有微信公众号的文章编辑和微博的头条文章编辑那么多,编辑界面十分清爽,操作相对简单。

一 小红书图文编辑

小红书的图文笔记编辑界面主要由3个板块组成,分别是图片、标题、描述信息。在微信公众号时代,大众常称呼图片为"配图",可见,在大众心目中,公众

> # 官宣
> 如何做官方宣传

号图文文章往往由文字内容占据主体，图片是辅助文字表达的。小红书图文笔记与此不同，在创作端，平台将文字内容称为"描述信息"；在用户端，受众会先看到占据绝大部分屏幕的图片，再滑动页面阅读文字，由此可见，在小红书的图文笔记中，"图"的重要性丝毫不逊色于"文"！

小红书的电脑版图文笔记编辑界面如图4-19所示，相较于微信公众号文章的编辑界面和微博头条文章的编辑界面，算是非常简洁的。

图4-19　小红书的电脑版图文笔记编辑界面

接下来，详细介绍小红书图文笔记的图片、标题、描述信息。

1. 小红书图片

小红书图文笔记最多支持添加18张图片。编辑时，要特别注意图片的尺寸比例，适应市面上绝大多数手机屏幕的竖版图片的比例通常为9∶16，但是如果在小红书上传比例为9∶16的图片，是无法填满整个页面的，两侧会出现空白，小红书图片的最佳比例为3∶4。

除了3∶4，小红书常用的图片尺寸比例为方形的1∶1、横版的4∶3。注意，观感最好的小红书图片始终是3∶4的图片。当图片的尺寸比例为3∶4时，常用的分辨率为720px×960px、768px×1024px、960px×1280px和1080px×1440px，这些分辨率的图片有较高的清晰度，能够给受众更好的视觉体验。图片格式方面，推荐JPG、PNG、WebP格式，其中，WebP格式的图片有占用空间小、加载速度快等优点。

根据使用场景，小红书图片分为封面图片和内页图片。

小红书图文笔记的封面图片是至关重要的，要让受众第一时间捕捉到对应笔记最吸引人的点。制作小红书图文笔记的封面图片只需要牢记一个公式：**爆款封面＝拼图＋花字。**

对重要的数张图片进行拼图，可以制造"价值颇丰""内容丰富"等视觉印象，让受众有点开图文笔记的欲望。拼图，通常可以选择4张、6张或9张图。

花字是一种特殊的文字样式，其特点是颜色鲜艳、醒目，使用花字，字号应尽量大，保证清晰、易识别，且尽量不使用过于花哨的字体。

小红书图文笔记的封面图片，可使用美图秀秀、黄油相机、醒图、稿定设计等APP制作。封面图片的制作难度不大，重点是做好拼图，或在花字的内容上下功夫。

小红书图文笔记的内页图片也很有特色，制作时，一是要注重文字设计，在图片中添加恰当的文字可以增加图片的信息量、提高图片的吸引力，可以使用醒目的字体和颜色突出主题，但注意，不要过多地使用不同的字体样式，要保持整体风格的统一；二是要善用各种元素，在图片中添加元素，如图标、线条、形状等，可以优化图片的视觉效果、增加层次感。

具体而言，如何制作小红书图文笔记的内页图片呢？给大家两个建议。第一，直接在稿定设计中搜索"小红书配图"，选择合适的模板套用；第二，找几个自己喜欢的爆款笔记，根据其图片样式进行1∶1复刻，用PPT或者作图软件制作模板后，日后再次使用时只需要替换模板中的文字信息，即可批量化、持续且高效地制作优质内页图片。

此外，小红书图片支持标记人或位置。为图片添加人物信息，并将标记信息拖移到图片中的合适位置，即可标记图片中的人；为图片添加地点信息，并将标记信息拖移到图片中的合适位置，即可标记图片中的地点，这是一个非常有特色的功能。

2. 小红书标题

小红书图文笔记的标题不可以超过20个字（包括标点符号）。

小红书图文笔记的优秀标题撰写原理与其他平台的文章的优秀标题撰写原理是一样的，建议标题中尽量多出现关键词，便于平台判断笔记内容的属性并打上相应的标签，进而进行精准推荐。

3. 小红书描述信息

小红书图文笔记的描述信息不可以超过1000个字（包括标点符号），可以添加#话题、@用户、表情等。

小红书图文笔记的描述信息有其独具特色的排版方式，主要规律如下。

①控制字数。一篇图文笔记的字数最好控制为500~800个字。字数太少，受众会觉得信息量有限，价值低；字数太多，受众会觉得冗长，失去阅读耐心。

②学会分段与换行。为笔记进行合理分段，可以让笔记看起来更加精练，阅读体验更好。

③合理使用表情符号和图形。在小红书中，使用表情符号和图形是一种常见的排版技巧，可以增加笔记的趣味性和互动性。无论是传达情感的表情符号，还是各种各样的图形，都是优化排版的非常不错的选择。

 图文发布设置

1. 电脑端发布设置

小红书图文笔记的电脑版发布设置非常简单，完成以下内容设置即可。

①添加地址。支持添加国内外的地址，选择合适的地址选项即可。如果发布者希望突出本地特色或者引流到线下，建议进行地址设置。

②权限设置。支持设置为公开（所有人可见）或私密（仅自己可见）。

③发布时间设置。支持设置为立即发布或定时发布（定时发布仅支持指定1小时至14天的时间）。

完成设置后，建议预览一遍待发布内容，仔细检查，及时调整，确认无误后完成发布。

2. 手机端发布设置

手机端编辑与发布的常规操作与电脑端几乎一致，此外，有一些独特的发布设置，如下。

①系统会智能生成标题供选择。该功能对普通用户记录美好生活有帮助，专业的宣传人使用频率不高，因为专业的宣传人通常会提前拟好标题。

②支持发起投票，包括PK组建与投票组建。选择发起PK或者投票后，链接将显示在评论区。

③高级设置，包括允许合拍、自主声明、关联直播预告、定时发布、关联群聊、品牌合作、添加抽奖等。

品牌合作和添加抽奖是有设置门槛的。品牌合作，只有粉丝数量达到了要求、启用了品牌合作功能并入驻了蒲公英平台才有设置权限，使用品牌合作功能关联目标商单是变现的途径之一；添加抽奖功能只支持专业号使用，企业身份的专业号每月可创建3次抽奖活动，个人身份的专业号每月可创建1次抽奖活动，组织抽奖活动是非常好的宣传推广手段之一。

三 图文修改

发布小红书图文笔记后，可以进行修改。

打开已发布的小红书图文笔记，点击图文笔记右上角的3个点后，点击"编辑"，

官宣
如何做官方宣传

即可进行增加或删除图片/标签、更改图片滤镜等操作。小红书图文笔记的描述信息等文本内容是支持修改的，但图片尺寸不支持发布后调整，如同小红书视频笔记支持对笔记文字、地点、话题、封面等内容的修改，但不支持编辑视频本身。

本章深入介绍了图文编辑的通用八步，并围绕微信公众号、微博和小红书这3个平台的图文编辑与发布进行了详细论述，关于图文自媒体，我还想对大家说一些心里话。

我自2016年开始正式琢磨自媒体宣传与运营，见证了很多平台从崛起到没落的全过程。图文自媒体平台于2015年前后开始飞速发展，当时，几乎每家知名的互联网企业都有自己的图文自媒体平台。2018年，短视频兴起后，图文自媒体的流量一落千丈，如今，活下来的图文自媒体平台只有少数几家，很多平台背靠知名的互联网企业，虽然还在"苟延残喘"，但其宣传价值已经不高了。

我先后使用过32个图文自媒体平台，日更3年多，原创图文作品的全网累计阅读量超过8亿，这些经历让我拥有了扎实的宣传与运营基本功。随着经验的积累，我发现，图文创作与编辑是所有宣传工作的基石，即便现在短视频和直播很火，图文创作与编辑依然是所有宣传人必须掌握的技能。

除了微信公众号、微博和小红书，知乎、头条号、百家号等图文自媒体平台也值得关注。如果你所在的行业有知名行业网站，建议也注册账号，重点布局。

我借助2016年的图文自媒体的风口快速崛起，完成了职业生涯的正式定位与人生的弯道超车，因此，我深刻地了解机遇的重要性。

虽然刚刚强调了图文创作与编辑能力的重要性，但我想坦率地对所有读者说，在当前的互联网格局中，图文自媒体平台是宣传的必备平台，可红利早已不再，图文自媒体宣传很难让品牌一炮而红、很难再造IP创富神话。那么，风口的风吹到了哪里？吹到了视频和直播领域。第5章和第6章，我们将踏进视频与直播的世界，找寻更多的机会！

第 5 章

视频编辑与发布／
发表／投稿

为什么说我们已经走过了"图文时代"，进入了"视频时代"？

第 53 次《中国互联网络发展状况统计报告》显示，截至 2023 年 12 月，中国移动互联网一级行业渗透率（渗透率指普及程度，即实际用户占所有潜在用户的比例）中，视频服务排名第一，达到 95.5%；短视频的月独立设备数量达到 11.55 亿台，同比增长 5.9%。

生活中，大家应该有直观感受，目前，视频流量的入口多元化，APP、小程序、电视大屏等多渠道在共同发力。

截至 2023 年 12 月，我国网络视频用户的规模为 10.67 亿人。聚焦 APP，短视频 APP 的头部效应明显，平均月活用户规模方面，抖音超 7 亿人，快手超 4 亿人，哔哩哔哩（简称 B 站）与小红书均超 2 亿人。长视频 APP 的平均月活用户规模呢？爱奇艺与腾讯视频均超 4 亿人，芒果 TV 与优酷视频均超 2 亿人。此外，微信、微博中的短视频内容占比也越来越大。

抖音等短视频平台火了以后，微信公众号等传统图文自媒体的流量一落千丈。与图文相比，短视频的表现形式更丰富、视觉冲击力更强、听觉体验更佳，网民的大量时间被短视频抢占了。

视频编辑与发布（不同平台说法不一，部分平台称为"发表""投稿"等，统称时用"发布"概述）技能，日益成为宣传人的基本功之一。

出于排版的需要，图文内容多使用电脑进行编辑与发布，反观视频的编辑与发布，手机操作与电脑操作都很方便，操作门槛进一步降低了。最开始，抖音、视频号等平台都只支持手机端发布内容，后期逐渐完善了电脑端后台。如今，这些平台的手机端与电脑端操作都非常完善，手机端灵活，电脑端便于批量化素材管理与操作。有一些特殊功能只能在手机端或电脑端操作，这些细节，接下来在本章中具体介绍。

5.1 视频编辑四环节

视频编辑不等于视频剪辑，完成视频剪辑以后，宣传人往往还要根据作品内容与目标发布平台的要求做一些发布前的准备工作，如准备视频封面、写标题与简介等。总的来说，视频编辑有 4 个不可或缺的工作环节——视频剪辑、准备视频封面、写发布文案（包括标题与简介）、发布设置，这 4 个工作环节应该一气呵成地完成。很多宣传人只重视视频剪辑，忽视其他 3 个工作环节，导致精心制作的视频播放量惨淡，十分可惜。

一 视频剪辑

视频剪辑是视频编辑中的重头戏，想制作一个好的视频作品，往往要投入很多心血在剪辑中。很多剪辑师有熬夜剪辑的经历，因为剪辑过程中有着大量的细节操作，在一遍又一遍地调整中，时间便不知不觉地流逝了，与此同时，剪辑对人的创意与灵感有很高的要求，很多人到了夜深人静、无人打扰之时才会灵感迸发，由此可见，剪辑工作非常不容易。

第 5 章
视频编辑与发布 / 发表 / 投稿

在抖音爆火之前，剪辑视频是一个专业度非常高的工作，需要使用专业的视频编辑软件，比如 Adobe Premiere Pro、Final Cut Pro X、会声会影等，这些专业视频编辑软件的使用需要较高的电脑配置，对剪辑师的专业技能要求也较高。抖音的流行，以及抖音官方推出的手机视频编辑剪辑应用（目前已发展至全终端覆盖）剪映的普及，用当下的网络流行语来说就是"把剪辑的门槛给打下来了"——任何一个人，只要拥有一部手机 / 一台电脑，就可以制作出优秀的视频作品。

因为非视频剪辑专业的人制作的视频作品激增，人们对于视频画质和制作专业程度的容忍度越来越高。相较于画质、技术，内容显得更为重要。也就是说，不是剪辑技术强就能做出好的视频作品，也不是剪辑"小白"就做不出好的视频作品，在短视频平台上，创意和内容远比技术重要。从传统、专业的剪辑要求到 AI 新媒体时代的剪辑要求，以下 7 个如今较为重要的视频制作原则，建议宣传人牢记！

1. 视频节奏追求"快"

如今受欢迎的短视频的节奏普遍较快，多余的部分可以完全删除，比如多余的片头、片尾，都没必要添加。这跟传统的视频不一样，过去很多人做宣传视频，会做一个精美的开头，时长大多为 3~10 秒，如今将这样的视频发在短视频平台上，受众根本没耐心知道这个视频想讲什么便直接划走了。片尾也是如此，受众基本不会看。

多余的东西，不仅未能"锦上添花"，反而有可能成为影响宣传效果的"罪魁祸首"！

以抖音为例，抖音评判作品有两个极为重要的数据指标——跳出率和完播率。跳出率指的是在某个时间节点跳出的用户占比，如抖音统计的 2S 跳出率指的是观看不足 2 秒就跳出的用户占比；完播率指的是作品播放时长达到某个节点的被观看次数与作品被观看总次数的比值，如抖音统计的 5S 完播率指的是作品播放时长达到 5 秒的被观看次数与作品被观看总次数的比值。抖音的流量分配规则是跳出率越低，分配流量越多；完播率越高，分配流量越多。

视频中有无意义的片头会导致 2S 跳出率上升、5S 完播率下降，不利于视频被推荐；视频中有无意义的片尾，会导致整个视频的完播率下降，同样不利于视频被推荐。从获取流量的角度看，传统宣传片中的高级片头和片尾在短视频中不是加分项，而是累赘。

由此可见，做宣传工作，一定要掌握如今的新媒体平台的传播规律，不要仅凭历史经验与个人喜好做剪辑。

2. 视频开头要重视

5S 完播率是视频推荐算法中极其重要的指标，5S 完播率高，意味着视频有更大的机会上热门。如何提升 5 秒完播率？5S 完播率高，对应的是看完视频开头的人多，因此，宣传人要特别重视视频的开头。

一个视频，如果按照正常的时间顺序 / 故事发展顺序剪辑，开头不是特别吸引人怎么办？剪辑时，可以对整段视频中最精彩的片段进行复制，并粘贴到视频开头，或者对整段视频中精彩的几个片段进行拼接，并一起放在视频开头，起到"先声夺人"的效果。这个方法被称为"高能前置"，即把最高能量的部分放在视频开头，最大程度地激发受众的兴趣，让受众愿意看下去，而不是快速划走。这个方法在剧情视频、Vlog 中被广泛使用。

总而言之，能够吸引受众的视频开头都有一定的特点，不是能够引发受众的好奇，就是能够激发受众的某种强烈情绪。用开头吸引受众的六大"流量密码"是打破常规、制造冲突、引发共鸣、感觉实用、向往美好和引发争议，如图 5-1 所示。

第 5 章
视频编辑与发布 / 发表 / 投稿

图 5-1 用开头吸引受众的六大"流量密码"

3. 视频景别很重要

日常生活中,常用的拍摄景别有大远景、远景、全景、中景、近景、特写、大特写等。如今，人们大多习惯用手机观看短视频作品，手机屏幕小，如果使用大量的远景或全景，受众容易看不清细节，因此，建议宣传人多使用近景、特写等景别，令视频的视觉冲击感更强。

剪辑视频时，要注意多景别的搭配使用。如果视频长时间使用一个景别，受众很容易感觉视觉疲劳，或者注意力分散。合理切换景别，可以让视频的视觉体验更佳、节奏更快。很多优秀的创作者剪辑视频时会遵循"3秒法则"，即一个景别的单次使用时长不超过3秒钟。

假如一句台词有9秒钟，传统宣传片拍摄者通常会把设备固定好，一口气拍摄一个9秒钟的视频片段。优秀的短视频创作者会怎么做呢？拍3个视频片段，分别是3秒钟的全景镜头，展示人物所处的环境；3秒钟的近景镜头，展示人物的表情与手势；3秒钟的特写镜头，突出人物的眼神和面部表情。用3个3秒钟的镜头层层递进，引导受众看不同的重点内容，更容易留住受众的注意力，并达到带着受众理解创作者的意图的目的。

4. 视频文字作用大

受众观看视频时，到底在看什么？有的人主要看画面，有的人主要看字幕。虽然不同的人的观看习惯不尽相同，但无异议的是，画面和字幕是视频中吸引受众视线的最重要的两个要素。

剪辑时，为视频画面补充合适的文字，可以更好地表现人物的心理活动、交代背景、揭示主题等。

李蠕蠕是我非常喜欢的一位短视频创作者，她的视频作品节奏很快、信息量很大。如何在短时间内充分表现人物的性格、心理活动、对话要点呢？她的视频会在剪辑时合理地添加文字。大家不妨多看看她的视频作品，多多揣摩，更好地在视频中使用文字。"李蠕蠕"短视频画面截图如图5-2所示。

第 5 章
视频编辑与发布 / 发表 / 投稿

图 5-2 "李蠕蠕"短视频画面截图

5. 切忌过度剪辑视频

很多新手剪辑师常乱用特效、转场、贴纸、音效等元素,自以为能让视频看起来更高级,实则用不好便有画蛇添足、弄巧成拙之嫌。新手剪辑师刚开始只需要把视频的画面、声音、文字、调色等处理好,掌握了各元素的使用原则和使用技巧后再慢慢添加比较好,切忌胡乱堆砌使用各元素,过度剪辑。

剪辑人物视频时,最好不要过度使用美颜功能,因为美颜功能是有副作用的。其一,美颜过度容易显得太假,甚至穿帮,有的人把瘦脸参数调得太高,会使得人物旁边的物体产生形变,如果镜头频繁切换,人物出现的刹那甚至会让受众感觉"跳了一下",不仅影响受众的观看体验,而且令视频的真实性和权威性大打折扣。其二,使用手机剪辑视频时美颜参数调得太多,可能会导致声音和画面错位,很多人遇到过在剪辑过程中突然发现声音和画面对不上,即使重启软件也无法解决问题的情况,这时候尝试把美颜效果删除,也许就能恢复音画同步了。

6. 视频素材的尺寸要统一

剪辑时，如果有的地方使用横屏素材，有的地方使用竖屏素材，横屏素材和竖屏素材接续时很容易出现大量的黑边，导致画面观感不佳、视频主体不够突出。因此，选择素材时，应尽量选择合适尺寸的素材，如果实在没有合适尺寸的素材，可以在拼接素材前通过裁剪调整素材的尺寸。

7. 视频的导出参数不宜过高

很多宣传人为了让画质更优秀，剪辑后会导出 4K 画质的视频。4K 画质的视频确实很棒，但是大多数平台只支持上传 1080P 画质的视频——大多数平台会在视频上传过程中自动把 4K 画质压缩成 1080P 画质。这个压缩过程会损伤视频的画质，很多朋友调侃其为"从无损画质变成全损画质的过程"，令人啼笑皆非。因此，导出制作好的视频的时候，直接导出 1080P 画质的视频即可。

以上 7 个视频制作原则，对应着我在长期的培训和辅导过程中统计出来的学员最容易"踩雷"的点，即便是专业团队，也不一定全部做得好。作为宣传人，务必要深刻理解以上内容，并注意在实际工作中加以体会。

准备视频封面

如何得到优质视频封面？如果视频中有合适的画面可以作为封面，那么直接选择该画面即可，轻松便捷；如果视频中没有完全符合要求的画面，便需要额外设计、制作一个封面了。

1. 优质封面的特点

优质封面，往往能让视频作品脱颖而出，吸引更多受众的关注和点击。那么，什么是优质封面，什么是劣质封面？我们来看一个对比。

3 张优质封面如图 5-3 所示，3 张劣质封面如图 5-4 所示，对比观察，大家认为它们之间有什么差异？

图 5-3　优质封面示例

图 5-4　劣质封面示例

优质封面大多有以下 3 个特点。

第一，优质封面画质清晰，分辨率一般不低于 720P。反之，画质模糊、内容难以辨认的封面是劣质封面。

第二，优质封面有较大的信息量，能体现视频主题。反之，信息量小、与视频关联性不强的封面是劣质封面。

第三，优质封面构图合理、协调美观、色彩适宜。反之，构图不当、展示不全、无美感的封面是劣质封面。

2. 常用的封面尺寸比例

虽然日常拍摄的竖版视频与横版视频分别以 9∶16 与 16∶9 的尺寸比例为多，但是视频封面的尺寸比例多为 3∶4（竖版）与 4∶3（横版）。制作视频封面时，请

官宣
如何做官方宣传

确保关键信息不被裁切掉。

3. 优质封面的主要内容

优质封面大多包括 3 个模块的内容，分别在背景层、文字层、主体层中。

背景层的内容可以选择视频中的场景，也可以使用额外的设计，随着 AI 绘图的广泛使用，未来，使用 AI 画作填充背景层或许会越来越常见。

文字层的内容通常是从视频中提取的关键词，用来概括视频主题并吸引受众观看。封面上的文字信息应尽量凝练，不能遮挡关键部位，且颜色要能与背景进行区分，清晰可辨。

主体层的内容就是封面的主体，比如一个人、一只动物等。主体层可以覆盖在文字层上面，遮挡一部分文字，也可以被文字层覆盖，只要文字层的文字不遮挡主体层的主体即可。如果没有主体层，直接使用背景层和文字层制作视频封面也是可以的。

接下来展示一些具有代表性的案例，一起看看优秀的创作者是如何制作视频封面的。优秀创作者"温义飞的急救财经"的部分视频封面如图 5-5 所示。

图 5-5 "温义飞的急救财经"的部分视频封面

第 5 章
视频编辑与发布 / 发表 / 投稿

"温义飞的急救财经"的视频封面的风格一向统———没有主体层，使用背景层和文字层的组合，偶尔添加一些贴纸。封面中的文字对应视频的主题词，视觉上一目了然、重点突出，理解上浅显易懂、引人入胜。

作为企业账号中的优秀典型，"招商银行"是值得所有企业研究、学习的。招商银行的抖音账号上有几个视频栏目，如反诈避坑小剧场、金融科普等，每个系列都有自己的统一风格的封面，受众看起来非常舒服、明白，创作者也不用每次做视频时都绞尽脑汁地想应该配什么样的封面。"招商银行"的部分视频封面如图 5-6 所示。

图 5-6 "招商银行"的部分视频封面

除了自己制作视频封面，大家还可以选择使用各平台提供的视频封面模板。在发布视频作品前选择心仪的视频封面模板，修改文字后即可快速生成优秀的视频封面，一键提升美观度。抖音平台提供的部分视频封面模板如图 5-7 所示。

官宣
如何做官方宣传

图 5-7　抖音平台提供的部分视频封面模板

如图 5-7 所示的视频封面模板适用于以"记录美好生活"为主题的视频。如果大家只是偶尔制作视频，可以使用平台提供的视频封面模板，如果大家的视频更新频率比较高，为了统一风格，建议大家自己制作专属的视频封面模板，以便拥有更明确的"记忆点"。

三　写发布文案

视频的发布文案主要指发布视频作品时需要填写的作品标题、作品描述，以及需要带的话题、标签。无论在哪个平台上发布视频作品，以上内容都是必填项。建议大家在剪辑完成时撰写对应视频作品的发布文案，因为那时候对视频作品的感触最深，还处在"创作兴奋期"，能够写出较准确、较优质的发布文案。

四　发布设置

发布设置与发布平台强相关，如果有需要重点设置的特殊项，可以提前准备，比如要带的商品的链接。很多宣传人不重视发布设置，上传视频作品后匆匆发布，殊不知自己很可能错过了很多上热门、提升转化率的机会。

发布设置的项目主要有添加作品描述（包括发布文案）、@好友、设置封面、绑定平台活动、关联热点、添加位置、添加购物车、添加小程序、添加到合集、同步至其他平台、标注原创、标注提示、设置谁可以看、设置是否允许他人保存视频、设置发布时间等。

发布设置要根据平台的最新规则和生态确定，如果平台有热点，可以关联热点，提高上热门的概率。每次发布视频作品前，最好查看一下最新的平台政策，如果发现平台有改版，更要立刻查看最新的平台政策，可能背后有平台的某项规则的调整或者某个重大活动的蓄力，要及时关注。

掌握了视频编辑的视频剪辑→准备视频封面→写发布文案→发布设置这4个步骤，几乎可以应对所有视频平台的视频作品编辑与发布操作，即便以后有新的视频平台，也"万变不离其宗"，大概率仍是这些编辑步骤与要求。

5.2至5.6节，会针对抖音、微信视频号、小红书、微博、B站这5个平台的视频发布要点进行讲解与演示，探秘各平台的细节操作及其"流量密码"。每个平台都有自己的调性和特色，深刻理解各平台，认真对待发布中看似简单的细节，方能在宣传工作中行稳致远。

5.2 抖音视频发布

抖音是继微博、微信公众号之后出现的第 3 个官方宣传必备平台。官方微博、官方微信公众号、官方抖音，这三者即是宣传工作中常说的"两微一抖"。抖音的用户量大、算法先进，想要宣传"出圈"，抖音是目前成功率最高的平台。

在日常培训中，我诊断过数百个官方抖音账号，发现由于对平台规则不熟悉，很多官方抖音账号常习惯性地犯一些错误，导致账号被限流，甚至被封号。这些错误，可简单罗列如下。

①发布广告宣传片或者明显像广告的视频，受众不爱看，平台不推流。

②视频中有极显眼的 Logo——容易被平台判断为营销号，影响流量。

③发布已有账号发布的视频——后发布的账号会被平台判定为有"搬运"或"抄袭"行为，导致被限流。有的公司，总公司的官方抖音账号发布视频后，会立刻让各分公司的官方抖音账号发布同样的视频，殊不知这是大忌。

④视频主题混乱、封面风格混乱，账号定位不清。

⑤喜欢做无意义的片头和片尾，影响完播率等指标，导致播放量不高。

⑥视频带水印。

如果经常犯以上错误，即使后面发布的视频很优质，也可能因为账号已经"废了",导致所有的努力都没有实际意义。由此可见,了解平台的规则,是宣传人必须做的功课。

抖音视频既支持电脑端发布,又支持手机端发布,两者的操作界面和功能略有不同,接下来详细介绍。

电脑端发布

电脑端发布抖音视频,需要进入抖音创作者中心,使用"发布视频"功能上传视频作品,并根据页面提示添加视频介绍、设置视频封面。电脑端发布的抖音视频会同步至抖音 APP(手机端)。

电脑端发布抖音视频的特色功能如下。

①申请关联热点。可以申请和一个热点进行关联,如果视频确实和该热点相关,会进入抖音热点榜;如果视频和该热点毫不相关,该设置不会生效。

②定时发布。使用定时发布功能,可以更灵活、更精准地控制视频的发布时间。定时发布功能的设置界面如图 5-8 所示。视频审核通过后,会在设定的时间自动发布;如果视频审核不通过,该设置不会生效。

图 5-8 抖音视频电脑端发布的特色功能(部分)

③排雷小助手。排雷小助手是面向头部创作者推出的特殊审核服务，使用排雷小助手，能获知作品是否符合平台规范，并得到详细的修改意见。排雷小助手功能的使用界面如图5-8所示。

电脑端发布抖音视频的具体操作步骤及注意事项如下。

第一步，上传视频。

单击"上传"或直接将视频文件拖入上传区域即可完成视频上传。

电脑端上传视频有3个要求，如下。

视频格式：支持绝大部分常用的视频格式，推荐使用MP4、WebM格式。

视频大小与时长：视频文件的大小不超过16GB，视频时长在60分钟以内。

视频分辨率：分辨率为720P（1280px×720px）及以上。

第二步，填写作品描述。

作品描述能够帮助受众理解视频，并帮助视频获得更多播放量。

作品描述的填写界面如图5-9所示，主要包括以下4项内容。

作品标题：能够概括视频作品主题的精练的标题，字数不超过30个字。

作品简介：简要介绍视频作品的文字内容，字数不超过1000个字。

话题：用于帮助系统判断视频主题，以便系统将视频作品推荐给对相关主题感兴趣的受众。添加话题是一个非常重要的操作，需要先输入"#"，再选择合适的话题，或者直接输入"#"+关键词。每个视频最多可以添加5个话题。

@好友：@好友意味着视频发布后会提醒被@的账号查看该视频作品，@好友的数量没有上限，但不建议@太多无关人员。

第三步，添加作品活动奖励。

可以直接选择系统默认匹配的活动，也可以单击"了解更多官方活动"，选择未显示在当前页面上的更多活动。添加活动将有机会获得流量奖励，添加界面如图5-9所示。

第四步，设置封面。

可以选择视频中的某一帧画面作为封面，也可以另外上传一张封面，设置界面如图 5-9 所示。如果剪辑视频时没有编辑过封面，系统会默认选择视频的第一帧画面作为视频封面。

第五步，添加章节。

为进度条增加章节信息，能够让视频结构更清晰。单击如图 5-9 所示的"添加章节"字样下的添加按钮，即可在合适的位置为进度条增加章节信息。此外，可以进行智能生成，抖音的智能章节如图 5-10 所示，使用该功能，可以轻松生成进度条。

图 5-9 抖音视频发布设置界面（1）

图 5-10 抖音的智能章节

官宣
如何做官方宣传

第六步，添加标签。

抖音里的"标签"可以代指很多东西，使用添加标签功能，可以添加位置、添加购物车、添加小程序等，添加界面如图 5-11 所示。

图 5-11　抖音视频发布设置界面（2）

我们常说的短视频带货就是在这里添加购物车，添加后，受众即可在视频中看到购物车。购物车里的商品是复制商品链接后粘贴过来的，电脑端操作比手机端操作麻烦一些，建议大家提前保存好各商品的链接。链接如何获取呢？登录"巨量百应"达人工作台，选择橱窗中的商品，即可复制其链接，操作界面如图 5-12 所示。

图 5-12　"巨量百应"达人工作台

第七步，申请关联热点。

输入热点词，选择想要关联的热点，即可完成热点关联，关联界面如图 5-11 所示。

第八步，添加到合集。

创建合集后，每次发表作品时都可以选择合集。使用合集，便于管理系列化视频作品。建议大家及时把同类型的视频归类到合集中，添加界面如图 5-11 所示。

第九步，同步至西瓜视频和今日头条。

抖音、西瓜视频、今日头条 3 个平台作为字节跳动旗下的核心产品是相通的，形成了非常好的生态。使用抖音发布作品，可以选择同步至其他两个平台，同步界面如图 5-11 所示。

第十步，原创声明。

原创内容享受原创保护，加入中视频伙伴计划后，1 分钟以上的横屏原创内容设置同步后可享受抖音、西瓜视频、今日头条 3 端流量分成，声明界面如图 5-11 所示。平台默认信任创作者的原创声明，如发现滥用原创声明的行为，将进行违规处罚，更多相关规范可查看《原创标准及滥用处罚标准》。

第十一步，允许他人保存视频。

设置界面如图 5-13 所示，可以选择"允许"或"不允许"。

第十二步，设置谁可以看。

设置界面如图 5-13 所示，一共有 3 个选项，"公开"指所有人可见，"好友可见"与"仅自己可见"如字面意思。一般选择"公开"。

第十三步，发布时间设置。

设置界面如图 5-13 所示，可以选择"立即发布"，也可以选择"定时发布"并设置发布时间。发布时间设置是一个非常好用的功能，创作者可以随时创作，选择热门时间段发布。如今，很多账号会固定发布时间，形成与粉丝之间的"默契"。

官宣
如何做官方宣传

图 5-13 抖音视频发布设置界面（3）

发布视频作品时，还有一个功能可使用，即发文助手功能。发文助手功能使用界面如图 5-11 所示。使用发文助手功能，可以添加作者自主声明，该声明为作品的补充说明，是非免责条款。可以选择的声明包括内容自行拍摄；内容取材网络；内容由 AI 生成；虚构演绎，仅供娱乐；危险行为，请勿模仿等。每个作品只能选择一个声明。

此外，发文助手功能还可以帮助创作者做一次发布前的安全检测，如图 5-11 所示。5 分钟以内的视频作品上传成功即自动开始检测，如果检测出问题，根据提示修改即可。不修改也能顺利发布，但是无法通过审核或者发布后被下架的风险较大。

二 手机端发布

使用抖音 APP（手机端），可以直接拍视频并即时设置、调整美颜、滤镜、文字、贴纸、自动字幕、变声、画质增强等参数，这类视频被称为"随手拍"。随手拍功能，用于记录美好生活非常便捷，用于制作专业的宣传视频则稍显不足。

如果想在手机端发布剪辑好的视频，操作步骤及重要技巧如下。

第 5 章
视频编辑与发布 / 发表 / 投稿

第一步，进入发布设置界面。

在抖音 APP 首页点击拍摄 / 添加视频按钮，选择手机相册中的视频，点击"下一步"，即可进入发布设置界面。抖音 APP 的视频发布设置界面如图 5-14 所示。

第二步，填写作品描述。

作品描述包括视频文案、话题、@朋友，填写界面如图 5-14 所示。与电脑端相比，手机端添加话题没有数量限制，可以添加很多话题。

第三步，修改封面。

手机端操作，不仅可以选择视频作品中的某一帧画面作为封面，还可以选择使用系统自带的封面模板，修改模板中的文字后作为封面。修改封面入口如图 5-14 所示。

第四步，添加位置。

添加位置时，可以选择添加发布时所在的位置，也可以选择地图上的其他位置。添加位置界面如图 5-14 所示。

第五步，添加标签。

添加标签是抖音短视频引流和变现的主要途径之一，添加标签界面如图 5-14 所示。如果添加了位置，就无法添加标签；如果没有添加位置，则可以添加标签，可添加的标签种类如图 5-15 所示。

图 5-14　抖音 APP 的视频发布设置界面

图 5-15　可添加的标签种类

官宣
如何做官方宣传

接下来对可添加的标签种类进行详细介绍。

商品：直接添加橱窗中的商品，可以为商品编写10个字以内的推广标题。

小程序：不仅可以选择添加某个小程序，而且可以选择通过完成推广任务赚取收益。

购票：添加正在热映或者预售的电影。

书单：添加书单，书单的创建和管理在橱窗管理中。

橱窗：可以直接引向自己的抖音橱窗，也可以自行设置受众通过视频进入橱窗后优先展示的商品或清单（相当于设置橱窗中的置顶内容）。

店铺：添加抖店，为抖店引流。

评论区橱窗：选择橱窗及优先推荐的商品。

付费内容：如有付费内容，可以在此处添加；如没有，不添加即可。

第六步，设置谁可以看。

相较于电脑端的3个选项，手机端有5个选项，可以选择设置"公开·所有人可见""不给谁看""朋友·互关朋友可见""部分可见""私密·仅自己可见"。选择"不给谁看"，添加的是不可见该视频作品的抖音账号；选择"部分可见"，添加的是可见该视频作品的抖音账号。设置界面如图5-14所示。

第七步，设置作品同步。

选择是否同步将该视频作品发布至西瓜视频和今日头条。同时，可选择是否为该视频作品声明原创内容。设置界面如图5-14所示，建议设置作品同步和原创内容声明。

第八步，高级设置。

可选择设置"允许下载""谁可以合拍（所有人、仅互关朋友、仅自己）"等内容，设置入口如图5-14所示，具体可设置内容（部分）如图5-16所示。

第 5 章
视频编辑与发布 / 发表 / 投稿

图 5-16 抖音发布高级设置

第九步，选择暂时存为草稿或者立即发布。

存草稿与发布操作界面如图 5-14 所示。

综上所述，电脑端和手机端各有优劣——如果是单纯地发布作品，使用电脑端进行视频发布和素材管理更便捷，而且电脑端发布视频更有清晰度保障；如果需要完成添加商品、橱窗、推广任务等引流或变现操作，使用手机端更加方便。

5.3 微信视频号视频发表

作为腾讯的战略级产品，微信视频号（简称视频号）承担着为腾讯在短视频和直播领域进行重点突破的重要使命。由于搭载在"国民级应用"微信上，视频号是最便于进行社交裂变和口碑传播的平台，没有之一！受众可以非常方便地将喜欢的视频转发给自己的好友或者转发入朋友圈、微信群，因此，视频号对宣传而言极其重要，是不可或缺的。

用视频号发表视频，可以电脑端操作，也可以手机端操作。如果大家能够理解抖音视频的发布规则和操作步骤，应该能够轻松理解视频号视频的发表规则和操作步骤。

一、电脑端发表

视频号的后台操作主要依托视频号助手，电脑端不仅支持发表视频作品，还有很不错的后台管理功能，主要功能如下。

①多人运营。设置运营者微信号（最多20个），共同发表视频作品和管理视频号。

②内容管理。发表、管理视频或进行直播推流；获取视频链接、直播链接；创建活动或合集并进行管理。

③互动管理。浏览评论、弹幕及私信，并对评论、弹幕进行管理，对私信进行回复。

④数据中心。查看视频、直播数据和粉丝数据，获取和下载作品的详细数据。

⑤变现功能。通过商品橱窗和视频号变现获取更多视频收益。

⑥认证管理。申请企业认证、查看认证状态。

电脑端发表视频号视频的界面及操作步骤如下。

第一步，上传视频。

发表视频动态，需要上传时长小于两个小时、大小不超过 4GB、分辨率为 720P 及以上的常见码流的视频，视频还需要满足码率在 10kbps 以内且原片无瑕疵、帧率在 60fps 以内、格式为 MP4/H.264 等要求。

补充说明一下视频号音频及图片动态的相关要求——发表音频动态，建议使用 AAC 流、码率为 128kbps 及以上、采样率为 48kHz 及以上的音频；发表图片动态，最多可以上传 9 张图片，单张图片的大小不超过 20MB，支持绝大部分常见的图片格式。

第二步，更换封面。

封面预览界面如图 5-17 所示。一个视频作品会展示 3 个封面，视频号封面为 3∶4 尺寸比例的图片、朋友圈封面为 4∶3 尺寸比例的图片、订阅号封面为 16∶9 尺寸比例的图片，这 3 个不同尺寸比例的封面由同一个封面图片裁剪而成，因此，制作视频号视频封面时务必将核心、关键信息放在中间 1∶1 的区域，防止核心、关键信息被裁剪。

电脑端编辑视频封面的界面如图 5-18 所示，从左到右分别为视频封面裁剪区域、视频号（资料页）封面浏览效果、朋友圈封面浏览效果、订阅号封面浏览效果。

官宣
如何做官方宣传

图 5-17 微信视频号发表设置界面（1）

图 5-18 电脑端编辑视频封面的界面

第三步，填写视频描述。

填写界面如图 5-17 所示，包括填写文案、话题与 @ 视频号（好友）。

第四步，添加位置。

添加界面如图 5-17 所示，可选择不添加位置，如添加位置，必须添加附近的位置，这个规则和发朋友圈动态的规则是一样的。

第五步，添加到合集。

添加界面如图 5-17 所示，可将视频添加到已创建的合集中，也可创建新合集并添加其中。

第六步，添加链接。

添加界面如图 5-19 所示，可添加的链接包括公众号文章、红包封面、表情、商品等内容的链接。也就是说，视频号视频既可以添加公众号文章进行引流，又可以添加橱窗中的商品进行带货。

图 5-19　微信视频号发表设置界面（2）

第七步，参加活动。

搜索活动，选择要参加的活动即可完成设置，设置界面如图 5-19 所示。

第八步，发表时间设置。

如果选择"不定时"，点击"发表"后视频会被立即发出；如果选择"定时"，可以继续设置具体发表时间。

第九步，填写短标题。

视频号有一个很有特色的设置——短标题，填写界面如图 5-19 所示。填写的

官宣
如何做官方宣传

短标题会出现在搜索、话题、活动、地点、订阅号消息等场景中。如图5-20所示，"冷知识：占地面积最大的大学"就是短标题。

图5-20 短标题效果

第十步，声明原创。

声明原创后，作品将被添加原创标记，有机会获得广告收入——作品评论区有机会展示广告，获得分成收益。此外，平台会保护原创作品，帮助识别和打击搬运。

以上设置全部完成后，可选择将视频作品保存为草稿、手机预览视频作品或发表视频作品。

 手机端发表

手机端视频号视频的发表操作与电脑端大致相同。

第一步，进入发表设置界面。

在视频号首页点击"发表视频"，直接拍摄视频或上传手机相册中的视频，进入发表设置界面。

第二步，更换封面。

手机端发表视频号视频，只能选择视频作品中的某一帧画面作为封面，且按照3∶4的尺寸比例裁剪目标画面，因此，剪辑视频时就需要编辑好目标封面画面，把关键信息放在3∶4的区域内。更换封面入口如图5-21所示。

第三步，填写视频描述。

填写界面如图 5-21 所示，可填写的内容包括文案、话题、@ 提到（好友）。

第四步，填写短标题。

填写界面如图 5-21 所示，填写要求同电脑端。

第五步，添加位置。

添加界面如图 5-21 所示，添加要求同电脑端。

第六步，设置活动。

设置界面如图 5-21 所示，可以选择参与他人发起的活动，也可以自己发起新活动。

第七步，添加链接或商品。

添加界面如图 5-21 所示，可以添加橱窗中的某个商品、添加公众号文章，也可以添加红包封面。添加红包封面功能通常在春节前后使用。

第八步，设置原创声明。

设置界面如图 5-21 所示，设置效果同电脑端。

以上设置全部完成后，点击"发表"，即可发表视频作品。

发表视频作品后，需要留意最新消息，如视频号关注、私信等，以便开展进一步的宣传及运营工作。重要的通知和信息通常会在视频号主页展现，如图 5-22 所示，视频作品的播放数据和互动数据可以在"视频号消息"中查看，官方的通知和粉丝的私信可以在"视频号私信"中查看。

图 5-21　视频号手机端发表设置界面

图 5-22　视频号主页

5.4 小红书视频笔记发布

在小红书中,视频笔记受官方重视、有较高的权重,且深受受众喜爱。对绝大多数宣传主体来说,即使宣传重心在抖音,也可以把作品同步发布在小红书上,以免错过小红书的流量和高质量受众。

小红书视频笔记应该如何发布?依旧分电脑端和手机端进行分别介绍。

电脑端发布

第一步,上传视频。

小红书支持的视频时长越来越长,支持的视频文件越来越大,目前已支持上传时长在60分钟以内、最大为20GB的视频文件了。建议大家上传MP4格式或MOV格式、720P及以上分辨率的视频文件,超过1080P分辨率的视频文件在网页端上传画质更佳。

第二步,设置封面。

小红书支持从视频作品中截取画面作为封面或另外上传封面,封面的尺寸比例可以自行选择,选项包括原始尺寸、1∶1、3∶4、4∶3,选择哪个尺寸比例,就展示哪个尺寸比例，非常人性化。默认封面预览界面及修改默认封面入口如图 5-23 所示。

第三步，填写标题。

填写界面如图 5-23 所示，标题字数要求为 20 个字以内。

第四步，填写笔记描述。

填写界面如图 5-23 所示，可以填写文案、话题、@用户，并添加表情。建议添加合适的表情，提高笔记的情绪表现力，令阅读体验更好。

第五步，添加章节。

拖动时间轴，可添加时间节点，制作进度条，添加入口如图 5-23 所示。相较于抖音的智能章节功能，小红书的添加章节功能略逊一筹。

第六步，添加标记。

在视频上标记人、位置，是小红书的特色功能。添加入口如图 5-23 所示，拖动时间轴，选择标记开始的时刻，即可为视频添加人物标记或者位置标记。

图 5-23　小红书视频发布设置界面

> **官宣**
> 如何做官方宣传

第七步，添加地点。

添加界面如图 5-23 所示，所添加的地点不限，国内外地点都可以选择，当然，也可以选择不添加任何地点。

第八步，权限设置。

设置视频的观看权限为公开（所有人可见）或私密（仅自己可见），设置界面如图 5-23 所示。

第九步，发布时间设置。

可以设置"立即发布"或者"定时发布"，设置界面如图 5-23 所示。

以上设置全部完成后，点击"发布"，即可发布视频笔记。

手机端发布

小红书视频笔记的手机端发布与电脑端发布的主要操作相同，但手机端发布另有一些特色功能。

第一步，上传视频。

在小红书 APP 首页点击制作笔记按钮，选择手机相册中的视频进行上传。上传至小红书的视频可以在小红书 APP 内进行剪辑，也就是说，即使是没有经过剪辑的素材，也可以上传至小红书，上传后剪辑。

第二步，添加封面。

系统默认以视频第一帧画面为视频笔记的封面，尺寸比例为 3∶4，大家可以直接在该封面基础上进行添加文字、添加贴纸、裁剪、换背景等操作。此外，添加其他图片作为视频笔记的封面也是可行的，添加封面入口如图 5-24 所示。

图 5-24 小红书视频手机端发布设置界面

第三步，填写笔记描述。

填写界面如图 5-24 所示，可以填写标题、作品描述、话题、@ 用户等内容。

第四步，添加 PK/ 投票。

小红书新增了添加 PK/ 投票的功能，大家可以选择发起 PK 或者投票，发起后，链接将展示在对应笔记的评论区。小红书 PK 功能和投票功能的设置界面分别如图 5-25 和图 5-26 所示。

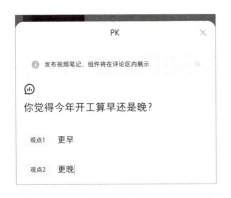
图 5-25　小红书 PK 功能的设置界面

图 5-26　小红书投票功能的设置界面

第五步，添加地点。

添加界面如图 5-24 所示，添加要求同电脑端。

第六步，设置可见范围。

设置界面如图 5-24 所示，选项包括公开可见、仅自己可见、不给谁看。

第七步，高级选项。

小红书手机端新增高级选项设置功能，设置入口如图 5-24 所示，大家可以选择"允许合拍"、添加"自主声明"、关联"直播预告"、选择"定时发布"等。

自主声明有 3 种，分别为"虚构演绎，仅供娱乐""内容由算法生成""内容来源声明"。其中，内容来源声明包括自主标注（在内容 / 标题 / 正文 / 图片中标注相关信息来源）、自主拍摄（需要填写拍摄日期、拍摄地点）、来源转载（需要填写内容

官宣
如何做官方宣传

来源的媒体名称）。在声明方面，小红书做得非常细致、严谨，对宣传人而言是很友好的。

以上设置全部完成后，可以看到详情页预览和封面预览，如图5-27所示，非常直观，小红书的这个设计做得很好。

图5-27 小红书发布前预览界面

预览并确认后，点击"发布笔记"，即可完成对视频笔记的发布。

发布小红书视频笔记后，大家可以通过将该视频笔记分享到其他平台、私信小红书好友、建群分享、生成分享图等方式传播该视频笔记。

值得一提的是，在小红书中，如果发布笔记后想要进行修改，点击目标笔记右上角的3个点，选择"编辑"，即可在已发布内容的基础上进行修改和再次发布，非常方便。

5.5 微博视频发布

作为老牌宣传平台，微博已经发展得非常成熟。微博支持发布各种形式的内容，尤其推崇视频内容，视频内容在微博上的宣传效果值得期待。那么，如何在微博上发布视频呢？

一、电脑端发布

第一步，上传视频。

微博支持上传 15GB 以下的视频文件。

第二步，完善基本信息。

完善界面如图 5-28 所示，具体内容如下。

类型：包括原创、二创、转载。"原创"很好理解，指从头到尾由博主自己制作的内容；"二创"指博主在得到授权的情况下对原视频进行剪辑、解说或译制后再次发布的内容；"转载"指博主得到授权之后在自己的微博主页发布的他人的视频作品。对二创内容和转载内容进行标注，既是尊重他人知识产权的行为，又是规避版权风险的必要操作。

官宣
如何做官方宣传

标题：围绕视频主题撰写，吸引受众观看，字数要求为 30 个字以内。

第三步，设置封面。

可以等待视频文件上传完毕后选择视频中的画面作为封面，也可以另外上传自定义封面，设置界面如图 5-28 所示。

图 5-28　微博视频电脑端发布设置界面（1）

第四步，设置分类。

为视频作品选择合适的频道。对时长在 1 分钟以上的视频来说，频道推荐的效果非常不错。

第五步，添加到合集。

合集功能可以帮助博主对自己的视频作品进行分类管理。发布视频时，可以新建合集，也可以添加视频入已创建的合集。优秀的合集有机会被推荐入微博视频精选频道，获得更多的曝光和涨粉机会。

第六步，设置共创。

设置界面如图 5-29 所示，选择微博账号作为共创者，共创者接受邀请后，该作品将展示在所有共创者的个人主页并推荐给对应的粉丝，播放数据由所有共创者共享。添加共创者以后，可以设置共创者的角色为"共创"或"出镜"。B 站也有类似的功能，这有利于进行品牌联动，实现共同宣传。

第 5 章
视频编辑与发布 / 发表 / 投稿

第七步，进行更多设置。

①允许下载：设置是否允许他人下载该视频，设置界面如图 5-29 所示。

②允许划重点：设置界面如图 5-29 所示，若微博为公开微博且设置为允许划重点，受众可在该微博视频中划出一个精彩的重点时刻并发微博至自己的主页，被划了重点的视频发布后，将注明视频来源，与此同时，产生的播放量会计入原微博。

图 5-29 微博视频电脑端发布设置界面（2）

第八步，设置微博内容。

微博的视频作品展示方式与抖音、视频号、小红书等不同，在微博中，上方展示微博内容，下方展示视频作品，如图 5-30 所示。

图 5-30 微博的视频作品展示方式

177

官宣
如何做官方宣传

因此，完成微博视频相关设置后，博主需要设置微博内容，如图 5-31 所示，可添加文字、表情、话题、@好友等内容。设置微博内容时，可以@相关领域的微博官方账号，如职场内容@微博职场、教育内容@微博教育，如果微博官方账号转发该微博，会为博主带来大量的阅读量和关注，宣传效果非常好。

图 5-31　设置微博内容界面

手机端发布

微博视频的手机端发布操作与电脑端基本一致，包括上传视频、完善基本信息、设置封面、设置分类、添加到合集、设置共创、允许下载、允许划重点、设置微博内容等步骤，此处不再赘述。

手机端不同于电脑端的特色功能如下。

①上传视频后可以进行剪辑。

②支持设置打赏。

③支持添加的链接更多，比如支持添加超话、添加商品、添加股票、添加付费专栏等，如图 5-32 所示。

图 5-32　手机端发布时支持添加的链接

发布后操作

完成微博发布后,还可以进行哪些操作呢?择重点介绍如下。

其一,可以置顶微博。此功能为会员功能,开通微博会员后才可以无限次地使用置顶功能。

其二,可以编辑微博。此功能同样为会员功能,开通微博会员后,可编辑、修改已发布的微博,不同的会员身份,对应不同的每天可修改次数。

其三,可以编辑视频,即修改视频发布设置。

其四,可以开启评论精选。

其五,可以在视频中添加视频投票。

电脑端后期编辑界面和手机端后期编辑界面分别如图 5-33 和图 5-34 所示。

图 5-33　电脑端后期编辑界面

图 5-34　手机端后期编辑界面

5.6 哔哩哔哩视频投稿

早期的哔哩哔哩（简称 B 站）是一个专注于 ACG（动画、漫画、游戏）内容创作与分享的视频网站，经过十多年的发展，如今的 B 站已经成为一个源源不断产生优质内容的生态系统，涉及 7000 多个兴趣圈层的多元文化，曾获得 QuestMobile 研究院评选的 "Z 世代（通常指 1995 年至 2009 年出生的一代人）偏爱 APP" 和 "Z 世代偏爱泛娱乐 APP" 两个榜单的第一名。如果想提高在年轻群体中的影响力，一定要重视 B 站宣传！

B 站将"发布"称为"投稿"，将创作者称为"UP 主"。B 站视频投稿同样支持电脑端操作和手机端操作，以电脑端投稿为例，具体操作步骤如下。

第一步，上传视频。

电脑端 B 站可细分为网页端和桌面客户端。网页端上传文件的大小上限为 8GB，视频时长最长为 10 个小时（电磁力等级达到 Lv3 且信用分 ≥ 60，可获得上传 32GB 超大文件的特权）。网页端、桌面客户端推荐上传的视频格式为 MP4 或 FLV，这两种格式的视频在转码过程中更有优势，审核更快，其他可上传的视频格式有 AVI、WMV、MOV、WebM、MPEG-4、TS、MPG、RM、RMVB、MKV、M4V。此外，建议上传 1920px×1080px 或者 3840px×2160px 分辨率的视频。

第 5 章
视频编辑与发布 / 发表 / 投稿

第二步，基本设置。

B 站视频投稿的基本设置界面如图 5-35 所示。

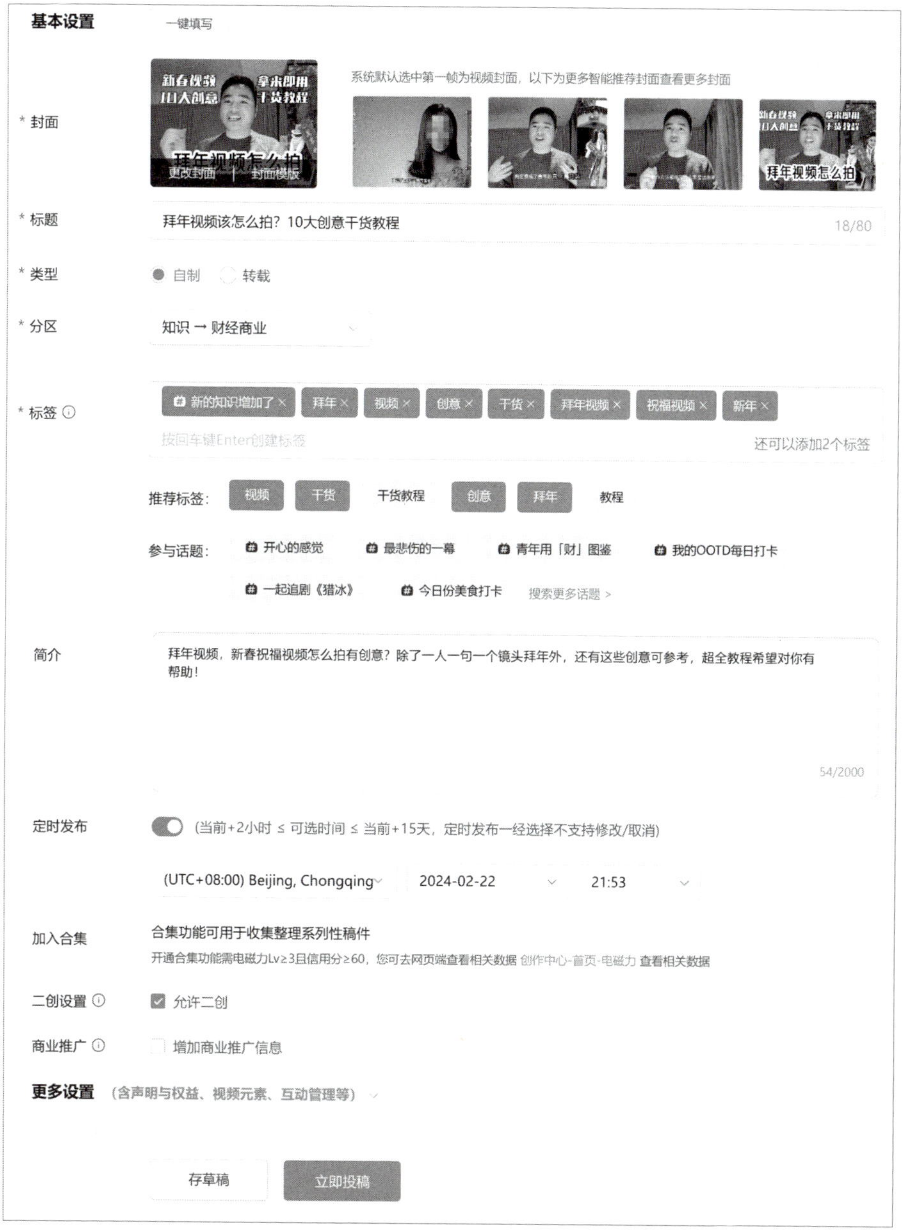

图 5-35　B 站视频投稿的基本设置界面

官宣
如何做官方宣传

接下来对图 5-35 中的各设置项进行详细介绍。

封面：系统默认以第一帧视频画面为视频封面，支持截取其他视频画面为视频封面或者上传其他封面。如果想截取视频画面为封面，可以选择视频中的某一帧画面，通过拖拽选框裁剪产生 4∶3 尺寸比例的封面（展示在 APP 首页）和 16∶9 尺寸比例的封面（展示在个人空间与相关推荐版块）；如果想上传封面，建议上传 4∶3 尺寸比例的高清图片。

标题：围绕视频主题撰写，字数为 80 个字以内。

类型：可以选择"自制"或者"转载"。

分区：分区很重要，选择正确的分区，视频更容易被系统推荐给精准受众，或者被精准受众搜索到。主要的分区包括生活、游戏、娱乐、知识、影视、音乐、动画、时尚、美食、汽车、运动、科技、动物圈、舞蹈、纪录片、番剧、电视剧、电影等。

标签：可选择或输入不超过 10 个标签。添加了活动标签，即可参与活动。

简介：简单介绍视频主题，字数为 2000 个字以内。

定时发布：如图 5-35 所示，当前 +2 小时 ≤ 可选时间 ≤ 当前 +15 天，定时发布一经选择不支持修改/取消。如不选择，则默认完成设置后立即投稿。

加入合集：收集、整理系列性稿件。

二创设置：勾选即允许其他创作者基于该投稿视频进行二创。

商业推广：勾选即可选择与花火官方合作或者标注其他合作信息。接受商业推广任务，可增加稿件收益。

值得一提的是，B 站有一个特色功能——一键填写功能，即 UP 主可以选择复用历史稿件的设置，或者填写一个投稿模板，复用模板的设置。一键填写后，可以进行有针对性的修改。该功能可以帮助 UP 主在发布系列作品时大幅提升设置效率。

第三步，更多设置。

更多设置包括以下项目。

声明与权益：可选择"未经作者授权，禁止转载"。声明中有一些必要的说明，如"作者声明：该视频使用人工智能合成技术""作者声明：视频内含有危险行为，请勿轻易模仿""作者声明：该内容仅供娱乐，请勿过分解读""作者声明：该内容可能引人不适，请谨慎选择观看""作者声明：请理性适度消费""作者声明：个人观点，仅供参考"等。

视频元素：可添加个性化卡片、上传字幕、设置更高质量的音质效果等。

互动管理：可关闭弹幕、关闭评论、开启精选评论等。

粉丝动态：可编辑此投稿的动态，把稿件推荐给粉丝。写动态，类似于写微博。

手机端投稿的操作与电脑端基本一致，此处不再赘述。

看完本章介绍的视频编辑四环节及针对抖音、微信视频号、小红书、微博、哔哩哔哩这5个重要视频宣传平台的视频编辑与发布/发表/投稿流程进行的详细拆解，大家应该会发现，总体思路是类似的，操作是大同小异的。

发布/发表/投稿工作看似简单，其实所有步骤操作下来要用不少时间，而且各平台的规则在不断变化，这要求宣传人既要掌握扎实的基本功，又要及时关注最新的平台规则，借助多平台的流量优势，把宣传工作做到多渠道"全面开花"的程度！

第 6 章

直播编辑与推广

"互联网+"的普及用了3~5年，而直播只用了数月，便从泛娱乐领域"出圈"，快速在电商、会展、文旅、教育、新闻、出版、政务等领域"开花结果"。

根据中国互联网络信息中心（简称CNNIC）发布的第53次《中国互联网络发展状况统计报告》的数据，截至2023年12月，我国网络直播用户规模达8.16亿人，其中，电商直播用户规模为5.97亿人、游戏直播用户规模为2.97亿人、真人秀直播用户规模为2亿人、演唱会直播用户规模为2.23亿人、体育直播用户规模为3.45亿人，直播市场的用户规模及使用率在逐年增长。

目前，直播几乎成为官方宣传的标配！ 企业有自己的企业直播间，品牌有自己的品牌直播间，门店有自己的门店直播间，个人账号的直播间也是个人"官宣"的绝佳场所。

作为最早的互联网营销师之一，我指导很多传统企业进行了直播转型，如海尔、移动、电信、邮政、招商银行等，如今，这些企业已经完成了"官方直播间＋门店直播间＋员工达人直播间"的矩阵式布局。

官方直播间的宣传方法非常多，包容性也很强，所有过去的商业宣传，都可以用直播再做一次！

6.1 搭建官方直播间

官方直播间怎么搭建?

搭建直播间需要多少钱?需要什么设备?

怎样提高直播间的利用率?

……

这些都是客户平时经常问我的问题。

搭建直播间前需要明确的是:直播间的好坏和投入资金的多少没有必然联系,合适的,就是最好的。很多单位批预算不容易,很多企业强调"降本增效",故一定要控制好直播的试错成本。

直播间可分为简易直播间、专业直播间、户外"直播间"。根据有没有绿幕等专业设备,可以区分简易直播间和专业直播间;边走边播的"走播",属于户外直播,接下来逐一介绍。

一 简易直播间

简易直播间通常指低成本、高效率、可以快速开播的直播间,一般使用手机开播。无论是在室内还是在室外，无论是坐着还是站着，简易直播间讲究的是"高效"。

打造简易直播间，可分三步走。

第一步，选择合适的背景环境。

最合适的直播场地是与直播主体息息相关的场地，如果是工厂直播，身后可以是生产线；如果是门店直播，背景可以是店面陈设；如果是咖啡店直播，可以直接以操作台为背景；如果是知识类直播，选择一个干净的场地即可……

第二步，装扮功能区。

功能区，即直播间主要展示的画面。如果有真人出镜，可以在主播面前放上宣传页、奖品、商品和道具。有的直播不需要真人出镜，直接将镜头对准商品即可，很多珠宝直播、农产品直播，都是直接对着商品播。

直播间的功能区可分为3个部分，分别为主推区、商品区和道具区，优秀的直播间能做到让受众在两秒内识别直播间的主题和吸引点。

主推区的核心作用是突出主播或展示的商品。

商品区除了可以展示当下介绍的商品，还可以通过货架陈列、商品打堆头等方式向受众展示其他商品。这样一来，不仅能延长受众在直播间停留的时间，还有利于增加直播间的氛围感、提升受众对直播间的信任度。

道具区用于告知福利活动或者突出需要受众知道的信息，提升受众对品牌的信任度。比如，告知受众有运费险、做信任背书、明确直播间的活动形式等。

第三步，调试设备。

根据实际情况使用简易直播间中的设备，在预算有限的情况下，优先保障打光效果和音质效果。

直播手机需要使用的配件至少包括手机落地支架、各类转接头、充电线、数据线。夏天直播，需要准备手机散热器。

很多主播刚起步时使用的就是简易直播间，如图6-1所示，淘宝直播的某头部主播也曾在比较简易的直播间里直播过，两台手机、一个手机支架、一个补光灯就能开播。主播蹲在地上，一手拿着麦克，一手操作面前的手机——没有豪华的直播间，没有专业的运作团队，刚起步时的主播大多如此工作。

即便成为知名主播，有了专业直播间，有时候到外地出差，也经常需要临时搭建简易直播间进行直播，如图6-2所示。

图6-1　固定式的简易
　　　直播间

图6-2　临时搭建的简易直播间

专业直播间

专业直播间，指有专业直播设备，专门用于直播的场所。很多企业有专业直播间，很多门店也会精心打造自己的专业直播间，甚至很多主播会在家里腾出一个房间，装修为专业直播间。

专业直播间可分为实景直播间和虚拟直播间。实景直播间指背景为实景的直播间，"交个朋友"的实景直播间如图6-3所示，是一个造价非常高的直播间。虚拟直播间通常指背景为绿幕或蓝幕的直播间，直播时使用影视制作中的色键抠像技术，

官宣
如何做官方宣传

对绿色或蓝色背景进行实时抠除，置换成直播需要的理想场景，浙江某高校的录课直播间如图 6-4 所示，背景为蓝幕。

图 6-3 "交个朋友"直播间

图 6-4 某高校的录课直播间

与实景直播相比，虚拟场景直播省却了背景搭建成本，适合预算不多的宣传主体使用。注意，虚拟场景直播对灯光技术的要求比较高，并且涉及实时抠像等操作，对电脑性能的要求也比较高，如果电脑配置不够，容易出现掉帧、卡帧等问题。

实际工作中，很多专业直播间会在装修时搭建不同的场景，有实景场景，也有绿幕或蓝幕场景。

招商银行培训中心的直播间是专门打造的专业直播间，房间的四面墙全部被充分利用，进门是导播台，导播台对面是以 LED 大屏为背景的大型活动直播场景，面向 LED 大屏，一侧是访谈场景，另一侧是绿幕直播场景，所有摄像机、补光灯等设备，全部安排在房间中部或者天花板上，如图 6-5 所示。一个房间容纳了诸多不同的直播场景，可谓将空间利用到了极致。

图 6-5　招商银行培训中心的直播间

如果直播场次比较多，经常需要同时开播，就需要隔开不同的场景。

宁波银行苏州分行的官方直播间搭建得也非常不错，有和招商银行培训中心的直播间类似的 3 个场景，不同的是 3 个场景各有一个单独的房间，如图 6-6 所示。房间较小，但胜在可以同时开播。

图 6-6　宁波银行苏州分行的直播间

官宣
如何做官方宣传

接下来一起看看宁波银行无锡分行的直播场景。一个大会议室中，平时摆满了方便移动的桌椅，可以举办会议、培训，需要直播时，桌椅一撤，直播设备一放，就是一个直播间，如图6-7所示，资源利用率非常高。

图6-7 宁波银行无锡分行的直播间

因为专业直播间的改装成本较高，所以设计专业直播间时要对主要的直播场景进行充分考虑，并预留一定的灵活空间。专业直播间的可参考装修流程如图6-8所示。

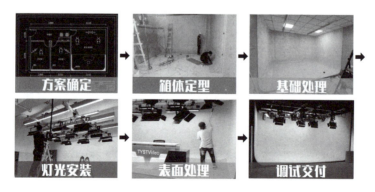

图6-8 专业直播间装修流程

专业直播间的实际搭建可依次分为 6 个步骤，包括场地选择、背景选择、布局灯光（布光）、完善收音设备、配备并检查其他常用设备、优化陈列空间。

1. 场地选择

个人直播间面积一般为 8~15 平方米，团队配合型直播间面积一般为 20~40 平方米，这样的直播间，布置起来较从容，设备有足够的地方摆放。若直播间太小，背景装饰得再有美感也会显得拥挤、杂乱；若直播间太大，容易显得很空，不仅装修花销大，说话还容易有回声。

选择直播间场地时，一定要测试场地的隔音情况和回声情况。针对隔音不好或回声太大的问题，可考虑使用加装隔音棉、加固木板等方法解决。有些场地顶部是中央空调，上方是镂空的，这时一般需要进行封闭处理，以免影响隔音效果。

2. 背景选择

直播背景可选择 LED 屏、纯色背景墙、背景布、绿幕等。

用作直播背景的 LED 屏造价较高，很多专业直播间的 LED 屏价值几百万元。确定选择以 LED 屏为直播背景前请务必做好投入产出比分析，不要冲动消费。

纯色背景墙方便重刷墙漆或贴墙纸、墙布，是不错的选择。辅以置物架，可以中和纯色背景墙的单调感，置物架上放些书籍、收藏品、玩偶、相框等，可以体现直播间的风格、强化主播的人设。

某知名主播的人设是"口红一哥"，他的直播背景曾是一整墙的口红，非常符合人设。

背景布是很多短视频创作者和主播的背景选择，可以任意更换，成本不高。需要时，甚至可以配备好几块背景布，需要哪块用哪块，不用时收起来即可，如图 6-9 所示。

绿幕直播间的直播背景一般是一块绿色的幕布，如图 6-10 所示，直播时抠除绿色背景，置换成理想的虚拟场景即可。

图 6-9　背景布

图 6-10　绿幕直播间

绿幕直播间能突破场地、环境的限制，给直播丰富多样的虚拟场景，优点颇多，但绿幕的使用要注意以下几点。

第一，绿幕颜色均匀、无褶皱，抠像效果才好。

第二，主播距离绿幕要尽量保持在 1.5 米以上，空间允许的话，可以距离绿幕更远一点，最近也要保持 1 米以上的距离。

第三，主播的着装、展示品的包装、道具等要尽量避免有跟绿幕相近的颜色，以免直播时被抠除。

第四，如果只是偶尔需要使用绿幕直播间，可以选择使用移动比较方便的绿幕设备，便于搭建和拆卸。

3. 布局灯光（布光）

灯光的布局决定着直播间整体的质感及观感，可以说是直播间的"灵魂"之一。好的灯光布局有 3 个作用，分别为有效优化主播形象，辅助展现品牌、产品的高光、亮点，辅助营造氛围。

灯光有很多种，使用光源、色温、照度、光束角等参数不同的灯光，可营造不同的氛围。从灯光配置上说，专业直播间通常需要有环形灯、顶光灯、侧光灯、轮廓灯等设备。

环形灯多与直播支架为一体，用于提供基础灯光。顶光灯需要足够明亮，才能让整个直播间明亮。顶部光线较强时，主播的面部容易有阴影，侧光灯的作用是及时为主播的面部补光。另外，直播时还需要使用轮廓灯，让主播的轮廓显得比较好看。

布光是一项非常专业的技术，是摄影和视觉艺术中的重要一环，涉及合理设置和调整灯光，以便展现被摄对象及场景的最佳状态。直播中，最常用的布光方法为"三点布光法"，感兴趣的读者可以自行搜索了解。

4. 完善收音设备

直播中，可以使用领夹麦或者电容麦进行收音。如果有条件，使用声卡套装更佳，便于添加背景音乐、变声效果、音效。

如果打算在直播中使用背景音乐，需要根据直播间的氛围和直播流程合理选择音乐，背景音乐不宜喧宾夺主。

5. 配置并检查其他常用设备

布光、收音等问题解决后，需要配置并检查直播间的其他设备，一般包括手机/摄像头/相机、电脑、提词器、商品的样品、提示牌、各类充电器等常用物品，以及秒表、计算器、小黑板等辅助道具。

提词器的替代品比较多，除了可以使用专业的提词器，还可以使用电视、平板电脑等设备进行提词，只要是能够投屏的设备，都可以用作提词器。

北京邮政的某直播间如图6-11所示，这是一个绿幕直播间，抠除绿幕并置换虚拟场景后的直播效果见图中①对应的画面。该直播间内有两个直播机位，拍摄主播的机位的拍摄效果见图中①对应的画面；另一个机位拍摄商品特写，拍摄效果见图中②对应的画面。通过图6-11还可以看出，该直播间内有两个投屏设备，一个投屏设备连接电脑，看直播后台和弹幕，另一个投屏设备被用作提词器。

图6-11 北京邮政的直播间

6. 优化陈列空间

如果直播间空间有限，商品可以直接摆放在镜头前；如果直播间空间充足，可以使用与商品调性匹配的陈列架进行商品展示，增强商品的视觉冲击力。

宁夏邮政的直播间如图6-12所示，截图时正在卖滩羊，需要重点展示的羊腿、羊排、半羊等主打商品直接摆放在了镜头前，主播背后展示的是现切、现打包、现发货的场景，充分体现了"新鲜""快速"的特点。某洗衣液品牌的直播间如图6-13所示，用打堆头的方法体现了"量大""优惠"的特点。东方甄选的直播间如图6-14所示，主播一边弹唱一边直播，突出的是人的魅力。

图6-12 宁夏邮政的直播间

图 6-13　某洗衣液品牌的直播间　　图 6-14　东方甄选的直播间

三　户外直播

户外直播是最接近自然、真实感较强的一种直播,近年来广受欢迎。户外直播场景主要有 3 种。

第一种,在户外搭建固定的直播场景,主播或者嘉宾结合主题,将原本在室内的直播活动搬到户外,往往需要多设备固定机位。

第二种,主播一边走动一边直播,又称"走播",广泛应用在汽车直播、展厅直播、景区直播、探店直播等直播中。

第三种,大范围场景直播,主播通过直播爬山、徒步等户外活动,带领受众更深层次地领略直播当地的自然风光、解读厚重的人文历史、品读特色的文旅资源。

相较于室内直播,户外直播有其独特的优势。

官宣
如何做官方宣传

第一，真实性强。户外直播贴近受众的生活、原生态的环境，更加亲近自然，能够彰显真实感，受众更容易沉浸其中。

第二，互动性强。在户外直播中，实景展示更有话题性，能营造共同参与感，比如在景区，有可能吸引对直播感兴趣的人参与互动。

第三，性价比高。（景区）实景实地、原产地、工厂仓库直接发货等概念，能让受众真实感知价格低的原因，突出商品低价卖点，推动受众下单。

不过，户外直播的难度比简易直播间直播和专业直播间直播高。户外直播的不可控因素较多，受天气、网络的影响大，对于网络稳定接入、实时画面控制和收音效果保障等硬件设备方面的要求较高。在直播节奏把控、突发情况应对、多机位切换等工作中，户外直播对直播团队的策划能力与执行能力有更高的要求。

如何准备户外直播？主要包括以下7个步骤。

1. 选择直播场地

选择户外安全且人流量小、信号好的场地，尽量避开密集的人群，以免直播被打断。

2. 配备人员

户外直播至少要配备3个人，主播、中控，以及一个现场维护人员。

3. 确定开播设备

如果使用手机开播，最好准备两部手机，一部用于直播，一部用于查看互动情况、粉丝留言。走播时，需要配备合适的云台，以保证直播画面清晰、稳定。

如果使用电脑开播，需要准备配置够高的笔记本电脑，并配备合适的摄像机。

在大范围场景直播中，能否在恰当的时间切换机位，顺利地把画面直播出去是需要重点考虑的关键事项。

4. 完善收音设备

收音设备要能够满足使用需求，以无线麦克风收音为主。

如果户外环境比较复杂，噪声大，降噪是很重要的工作。

5. 确保网络稳定和设备电量充足

网络稳定和设备电量充足是至关重要的，主播可以准备随身 Wi-Fi 和移动电源，确保直播的网络顺畅且直播设备有充足的电量支持长时间的直播。

如果是走播，由于主播会大范围移动，还需要保证视频传输的稳定性和流畅性。

6. 配置并检查其他常用设备

其他常用设备有 LED 补光灯（加深抛）、桌椅、遮阳伞、相机三脚架、桌面手机支架等。

7. 准备预案

准备应对特殊天气的预案。以针对户外徒步、滑雪等运动的户外直播为例，由于直播时间难以随时变更，如遇暴雨、大雪等极端天气，需要及时启动预案，保证直播顺利进行。

"十年养蜂无人识，一朝背景天下知"，这一俏皮话的主人公是刘元杰（账号名为"疆域阿力木"）。刘元杰是新疆的一位主播，为了给网友展示养蜂的真实情况，他经常随蜂农在户外直播。如图 6-15 所示，直播间的背景是新疆的蓝天白云、青山绿水，不修边幅的主播与美丽的背景有些格格不入，很多网友开玩笑般在直播间刷屏："你这背景太假了！"没想到刘元杰因此飞速走红。刘元杰的户外直播给受众看的是"源头""原生态"，这是如今非常受欢迎的直播形式。

官宣
如何做官方宣传

图 6-15 刘元杰直播卖蜂蜜

很多大型商品，如智能家居、房产、汽车等，常由主播使用走播的形式，带着受众一边走、一边看、一边体验，这种走播比静态直播更容易让受众有沉浸感，直播内容也更丰富。

"设计师阿爽"家居直播的直播截图如图 6-16 所示，阿爽是家居博主，她选择一边走一边直播，让受众能跟随镜头直观地看到家居用品的实际搭配效果，学到装修知识。

某二手车直播的直播截图如图 6-17 所示，主播会带着受众看车，替受众体验和把关，回答受众的问题，镜头时而对准主播，时而拍摄汽车各部分的特写，能够打造"身临其境"买车的感觉。

东方甄选的户外直播也是值得学习的标杆。东方甄选策划了很多成功的户外直播，以无锡场为例，直播选择在太湖边的鼋头渚开启，从梅园到惠山古镇，从江阴外滩鹅鼻嘴公园到小石湾炮台，从徐霞客故居到清名桥古运河景区……"东方甄选看世界"通过户外直播，多角度展示了无锡之美，一路上，惠山泥人制作、二泉品茗、无锡老字号美食打卡等体验将无锡风光与锡商文化生动结合，让受众能在屏幕前感受到浓郁的江南风情。东方甄选"文旅+直播"的带货模式成功吸引了线上线下的"全频围观"。

图 6-16 "设计师阿爽"的家居直播

图 6-17 某二手车直播

简易直播间、专业直播间、户外"直播间",三者都可以在官方宣传工作中使用。

在直播方面,中国移动和中国电信做得非常好。我从 2020 年开始陪伴中国移动和中国电信推动直播工作,几年来,我们尝试过各种形式的直播,从集团、省分公司、市分公司、区县分公司,到一线营业厅、手机店,各宣传主体都有自己的官方直播间,真正做到了"全员数字化转型"。

以中国移动为例,介绍如何因地制宜地搭建直播间。

官宣
如何做官方宣传

中国移动的一线营业厅通常会搭建简易直播间。一个营业厅，地方不大，人员不多，设备预算也不高，在这种情况下，直接在营业厅里使用营业员的手机进行直播，既方便快捷，又不耽误其他工作。每个营业厅都是一个直播间，以服务周边客群为主，非常接地气。移动营业厅的直播间如图6-18所示。

中国移动的省分公司与市分公司通常会搭建专业直播间或者演播厅，这类直播间/演播厅可以用于组织大型直播、常态化直播。浙江移动5G体验厅的专业直播间如图6-19所示，图中是培训演练的场景，正在为移动套餐、手机等商品带货。

图6-18 移动营业厅的直播间

图6-19 浙江移动5G体验厅的专业直播间

针对一些大型活动，如节日营销、三农带货、非物质文化宣传等，中国移动会组织户外直播。中国移动在户外搭建的简易直播间如图6-20所示，图中是在原产地现场卖水果的场景；中国移动5G探非遗直播的直播截图如图6-21所示。

图6-20 中国移动户外直播卖水果

图6-21 中国移动5G探非遗直播

直播素材设计 6.2

组织一场直播,好比装修一次房子。如果说直播间搭建是"硬装",那么,直播素材设计与准备就是"软装"。

观察如图 6-22 和图 6-23 所示的东方甄选直播间,总结一下,直播间内有哪些直播素材?

图 6-22 东方甄选直播间(全景)　　图 6-23 东方甄选直播间(特写)

官宣
如何做官方宣传

从图 6-22 和图 6-23 中可以看出，除了现场装饰、商品样品、摆盘道具等实物素材，还有东方甄选的 Logo、商品的展示照片等直播素材，此外，大量写着店铺活动、优惠、预告等信息的贴图也是直播时添加的素材。

无论是实景直播，还是虚拟场景直播，都需要准备不少直播素材。直播中的素材主要包括背景图、贴片和多媒体素材，直播前的素材统称为宣传素材。

背景图

背景图常见于绿幕直播。绿幕被抠除后，需要添加背景图。直播间背景图有自己独特的构图逻辑，构图时，通常可将背景图分为上、中、下 3 个部分，分别放置的主要元素如图 6-24 所示。

贴片

贴片多放在直播画面的上方、下方与两侧，起信息补充作用。常见的贴片信息为标题、活动优惠信息、促销信息、品牌信息、店铺信息、导购建议、物流说明、售后说明，以及一切受众可能关心的重要信息。

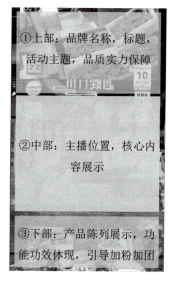

图 6-24　直播间背景图的常见构图及主要元素

服装直播间，经常为尺码表做贴片；快消品直播间，大概率会放"七天无理由退货"相关贴片；活动直播，经常会放抽奖预告贴片；春节直播，少不了物流信息贴片——因为受众非常关心春节期间发不发货、物流需要几天。

总而言之，所有直播亮点和温馨提示都可以做在贴片中，充分利用直播画面的空间。

三 多媒体素材

图片、视频、配音、背景音乐等都是常见的多媒体素材。

汽车直播间会播放炫酷的汽车宣传片、旅游产品直播间会循环播放目的地的旅游宣传片……如今，越来越多的直播间用背景视频替换了背景图片，视觉冲击力更强。

在多媒体素材的使用方面，淘宝电商做得特别到位，建议宣传人去淘宝直播研究一下大品牌的直播间，看看他们是如何把背景图、贴片、多媒体素材等直播素材用得淋漓尽致的、是如何不放过直播画面的任何空间的。

四 宣传素材

创建直播间时要填写直播标题、上传直播封面。组织一场直播，除了需要准备直播时用的素材，为了推广直播，前期还需要准备宣传海报、预告视频、预告文案等素材。注意，针对不同的宣传渠道，需要准备不同的宣传素材。

如果经常组织同类型的直播，宣传主体可以为以上素材制作相对固定的素材模板，每次直播前只需要在成熟模板的基础上进行修改即可，这样不仅省时省力，还容易让受众对直播间形成深刻的印象。

组织一场直播，好比装修一次房子，"硬装"好，"软装"的压力会小一些；"硬装"比较简单，"软装"能弥补不足。"硬装"和"软装"都完成后，才算是万事俱备，只待开播。

6.3 抖音直播编辑与开播

直播平台很多，可以分为公域平台和私域平台。

私域平台指企业私有化部署的内部平台，如企业自有APP，或企业购买的企业级视频直播平台。私域平台的优点是可以定制功能、受外部限制少、敏感词制约少，缺点是流量有限、维护成本高、迭代慢。很多企业在自有APP拥有一批稳定的用户后，便会开发直播功能，努力服务和转化存量客户，类似的自有APP包括银行APP、股票交易APP、通信运营商的掌上营业厅、加油APP等。一般情况下，私域平台会配备直播操作手册，受众按照操作手册进入并关注直播即可。

公域平台指抖音、快手、视频号等平台，由于拥有海量用户，公域平台的商业模式更成熟，宣传人可以使用这些平台触达受众，完成获客与转化。

本节及6.4节主要对抖音和视频号的直播编辑与开播进行介绍，这两个头部平台是直播宣传中使用频率最高的平台，也是最有可能撬动"天网"流量和"人网"流量的平台。抖音和视频号的直播编辑与开播非常有代表性，了解了这两个平台的相关功能，其他平台的直播编辑与开播完全不在话下。

抖音有4种直播模式，分别是视频直播（手机开播）、语音直播、电脑直播和游戏直播。

第 6 章
直播编辑与推广

游戏直播展示的主要是游戏画面，主播一边玩游戏一边讲解。游戏直播是非常受欢迎的直播模式，但一般不会用于官方宣传，本书不做介绍。接下来，对其他3种直播模式进行详细介绍。

一、视频直播（手机开播）

如何用手机发起一场视频直播？开播界面如图6-25所示，具体操作步骤如下。

第一步，填写直播标题。

直播标题不得超过15个字。

第二步，上传直播封面。

上传封面图片后，图片会被裁剪为正方形。注意，直播封面中不得含有违规和营销性质的内容，否则直播间会被封禁。例如，含二维码的图片是不能用作直播封面的。

第三步，开启位置。

抖音直播的位置只能选择附近的地点，开启位置后，更多同城或附近的人会看到该直播。

第四步，设置"谁可以看"。

系统默认"所有人可见"，主播可自行设置观看范围，选项包括公开（给所有人看）、不给谁看（设置不能看该直播的名单）、部分可见（设置能看该直播的名单）、朋友（互相关注的朋友可看该直播）、试播（仅自己或部分用户可看该直播，主要用于直播彩排）。此外，可以设置是否为"付费观看"，如果为付费观看，需要重新创建付费直播（受众仅可免费试看3分钟，付费后才可观看完整直播）。

图6-25 抖音视频直播（手机开播）的开播界面

第五步,选择直播类型。

进行精准的直播分类,有助于系统将直播推荐给更精准的受众,分类包括音乐、舞蹈、聊天互动、户外、艺术才艺、美食、知识教学、宠物、购物/电商、其他品类等。

以上 5 个步骤,是发起一场直播的最基本的设置"五件套",设置后就可以开播了。

图 6-25 中的下方区域是功能设置区域,经过多年的发展和完善,抖音的功能已经非常完备,一部手机就可以轻松搞定绝大多数直播。

宣传人需要了解的抖音功能和操作按钮如下。

①翻转。用于选择前置摄像头/后置摄像头,通常,后置摄像头的清晰度更高。

②美化。抖音的美化功能非常强大,支持美颜、添加风格妆、添加滤镜、美体等。不建议过度美化,会显得不真实。

③特效。支持添加挡脸头像、PK 整蛊、节日头饰等特效。

④商品。可以选择橱窗或选品车中的商品,也可以在精选联盟的商品库中直接搜索添加。

⑤更多变现。除了添加商品这一变现模式,抖音还有团购、小程序、游戏、付费直播等变现模式。

⑥横屏画面开播。抖音默认的直播画面为原始纵向画面,受众不可切换为横屏观看。但若主播提前将直播画面设置为 4∶3 或 16∶9 的尺寸比例,受众便可切换为横屏观看。

⑦设置节目单。节目单是主播对相关直播进行的节目预告,包括直播的主要内容,受众可以通过投票、送礼等形式给自己想看的节目助力,便于主播了解受众的喜好。节目入口可以在开播前添加,也可以在直播过程中添加,每场直播最多添加 20 个节目,每个节目名称最多 10 个字。

⑧设置"互动礼物"。可添加礼物并置顶主要的礼物。

⑨公屏设置。主播可以设置公屏的高度、公屏文字的字号等。此外，直播发言的权限、是否允许受众评论、谁可以评论、谁可以发视频等，都可以提前设置。为了增加主播与受众之间的互动，抖音可以识别主播口播中的欢迎、感谢、恭喜等语言，系统会自动把相关语言转为评论。

⑩其他细节设置。包括选择清晰度、开启整场回放与高光录制、是否允许受众查看他人资料、关联官方活动、关联任务、发起宠粉红包等。

用手机开启视频直播操作便捷，不受时间和空间的限制，灵活度非常高，是个人直播的较优选择。简易直播间直播及户外直播可以考虑使用这种模式开播，专业直播间直播一般不使用这种模式，因为视频直播（手机开播）的画面质感通常不如电脑直播。

二 语音直播

语音直播指"不出人，只出声"的直播，不需要主播出镜，不用搭建直播间，操作比较简单。

语音直播间只显示背景图和人物头像（主播和受众都只显示头像），如图6-26所示。其他大多数功能、操作和视频直播（手机开播）差不多，此处不再赘述。

语音直播适合用于情感聊天、练习口语、读书、知识分享与讨论等场景，官方宣传中应用不多。

三 电脑直播

抖音的电脑直播需要使用抖音的直播伴侣协助

图6-26 抖音语音直播

官宣
如何做官方宣传

完成。注意，直播推流对电脑配置的要求较高，为了抖音的直播伴侣能流畅运行，直播前需要关注电脑配置。

进行秀场直播和手游直播，建议使用操作系统为 Windows 10/11、CPU 为 i5-7600 或更高型号、内存为 8GB 或以上、显卡为 NVIDIA GeForce GTX 1050 或更高型号的电脑。游戏直播对电脑配置的要求更高，进行游戏直播，建议使用操作系统为 Windows 10/11、CPU 为 i7-8700 或更高型号、内存为 16GB 或以上、显卡为 NVIDIA GeForce RTX 2060 或更高型号的电脑。

抖音的直播伴侣历经多次升级、迭代，已覆盖泛娱乐直播、游戏直播、电商直播、虚拟直播、PICO 直播等直播类型，未来，可能支持更多的直播类型。

使用抖音的直播伴侣，首次开播前需要在抖音 APP 上完成认证，申请开播权限。

抖音的电脑直播功能很多，支持各种素材的使用和灵活切换。电脑直播，需要熟练掌握各类物料的使用与切换技术，直播各环节负责人需要与主播进行良好的配合。电脑直播的主要操作步骤如下。

第一步，登录软件，了解界面。

抖音的直播伴侣开播界面如图 6-27 所示。

图 6-27　抖音的直播伴侣开播界面

第6章 直播编辑与推广

抖音的直播伴侣开播界面的各区域功能如下。

左上区域：管理场景、添加素材、切换横竖屏。

左下区域：选择使用常用的互动玩法、直播工具。

中下区域：控制开关播、了解性能占用情况、查看官方公告。

右上区域：查看直播榜单。

右下区域：查看互动消息。

中央区域：采集、预览直播画面。

第二步，选择场景。

简单地说，一个场景对应一个直播间画面，如果一场直播有多个画面需要来回切换，那么就要配置多个场景（场景上限为5个）。每个场景都要配置自己的素材，不同场景互不干扰。建议宣传人不要轻易改变常用的直播场景，每次直播时进行微调即可。

第三步，添加素材。

可以单击图6-27中左上区域的"添加素材"按钮，也可以直接在图6-27中的中央区域选择添加各种类型的素材，素材类型如图6-28所示。

图6-28 抖音的直播伴侣的可添加素材类型

官宣
如何做官方宣传

根据需要选择要添加的素材，添加成功后即可在中央预览区域看到目标素材。拖动素材，可以调整素材位置；拖动素材边框，可以调整素材大小；右击素材，会出现操作菜单，可以对素材进行旋转、变换、设置、删除等操作。

如果一场直播用到的素材非常多，一定要养成及时给每个素材"重命名"的习惯，以免混淆。鼠标悬停在素材上时会出现操作图标，单击眼睛状的图标，可设置显示/隐藏目标素材。调整好素材位置后单击锁头状的图标，可锁定素材位置，防止误操作。拖动素材可以对素材进行排序，位于上方的素材会遮盖位于下方的素材。

第四步，直播设置。

针对直播画布、视频参数、音频参数、录像格式与保存路径、快捷键等进行设置，设置界面如图 6-29 所示。

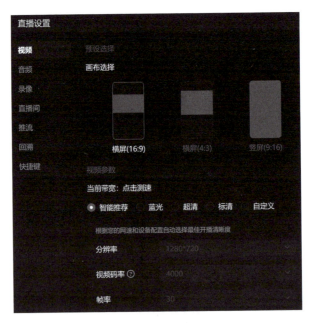

图 6-29　直播设置界面

第五步，互动玩法设置（开播前）。

福袋、宠粉红包等互动玩法可以在开播前设置好。

第六步，开播。

调整好素材并完成直播设置后，单击"开始直播"即可开播（单击"开始录制"可录制直播）。

第七步，互动玩法设置（开播后）。

如图6-27中的左下区域所示，抖音有很多互动玩法，如PK连线、观众连线、聊天室、福袋、宠粉红包、分享红包等，在直播过程中，可以使用各种互动玩法与受众互动，活跃直播气氛。

关于抖音的直播伴侣的安装方法、参数调整方法、互动玩法与各项功能的使用方法，直播伴侣官方制作了详细的操作手册，进入直播伴侣官网，单击页面右上角的"使用指南"，即可进入"直播伴侣帮助中心"查看相关内容。

开播容易，播好不容易。建议宣传人不断琢磨抖音的各种玩法，不断提升主播的魅力，努力夯实直播运营功底。将抖音短视频与抖音直播结合，方能在抖音得到最大化的宣传效果。

6.4 微信视频号直播编辑与开播

视频号直播的最大优势是可以撬动拥有十余亿月活用户的微信的流量，以及可以推动受众毫无阻碍地将直播分享给微信好友、分享至微信朋友圈与微信群。

掌握了抖音直播的方法后，学习视频号直播的方法是非常轻松的，因为大多数功能的设置与使用逻辑是一致的。

视频号目前同样支持4种模式的直播，分别是视频直播（手机开播）、语音直播、电脑直播与游戏直播，略去一般不会用于官方宣传的游戏直播，接下来对其他3种直播模式进行详细介绍。

 ### 视频直播（手机开播）

因为视频号搭载在微信上，与微信的联动非常密切，所以掌握视频号中与微信有关的各种"小设计"，能够大大提升直播间的流量。

如何用手机发起一场视频号直播？点击视频号主页的"发起直播"，即可进入开播界面，如图6-30所示。

在图 6-30 中，我画了两个框，第一个框框住的是开播"五件套"，第二个框框住的是功能栏。

用手机开启视频号直播的具体操作步骤如下。

第一步，填写直播主题。

视频号的直播主题没有 15 个字的限制，但主题仍应该以简洁、精练为要。

第二步，上传视频封面。

视频号的视频封面尺寸比例为竖版 3∶4，建议专门设计封面。

第三步，选择直播分类。

直播分类包括日常生活、颜值、知识教学、购物、游戏等，每个一级类目下都有二级类目，依次选择合适的类目即可。

第四步，设置直播观看范围。

图 6-30 视频号视频直播（手机开播）的开播界面

选项包括公开直播（所有人可见）、部分可见（可选择通讯录好友和微信群/上传受众名单）、付费可见、彩排（不会被公开推荐，也不会提醒受众观看）。视频号直播有一个巨大的优势，即能够很便捷地筛选通讯录好友和微信群，视频号直播结合微信群，有很多优秀的玩法。

第五步，标记位置。

选择开启直播时的所在位置即可。

设置完成以上开播"五件套"后，就可以开播了。

在图 6-30 中的下方区域，有很多功能按钮，需要重点了解的功能按钮如下。

①画面。对视频画面进行设置，包括美颜、美妆、滤镜、任务特效、画面特效、手势特效、镜像、翻转镜头、贴图等设置项。

②音乐。视频号支持直接添加背景音乐与演唱歌单，没有声卡也能轻松搞定直播音乐。

③商品。添加商品橱窗里的商品，实现直播带货。

④抽奖。可以提前为直播间设置福袋，受众参与抽奖的方式包括点赞、评论任意内容、评论指定内容和关注主播，抽奖功能用得好，不仅能够涨粉，还能够营造良好的直播氛围。

⑤选红包群。这是视频号的特色功能，一定要了解。使用该功能，仅有被选择的群聊的成员可以领取红包，这一方面可以把福利精准地给到目标群体，另一方面是一种巧妙的宣传手段——在微信群中分享直播链接多少有点打广告的嫌疑，但是谁会拒绝红包呢？

⑥链接。设置想要在直播过程中弹出的链接，可以设置直播预告、红包封面、个人专栏、留资组件等。

设置直播预告，可以为后续的直播场次做宣传。在直播中的适当时机弹出直播预告，引导关注、预约，是提升直播流量、提高粉丝黏性的有效方法。

留资组件对宣传而言是一大利器。"留资"的意思是让受众留下资料，是为非标准化商品、无法加入购物车的商品引流的重要举措。留资组件是一个便捷、高效的获客工具，可以引导直播间的潜在客户与商家取得联系。通过使用留资组件，商家可以在直播结束后与潜在客户保持联系，促成成交。目前，视频号中有多个留资组件模板，可以让潜在客户留下联系方式——添加企业的微信，或者联系企业的微信客服。在直播间中，留资组件既能稳定地挂在橱窗里，又能以气泡形式推送，当以气泡形式推送时，所有受众都可以立刻看到相关信息。与其他主播绑定推广员关系后，宣传主体还可以通过推广员推送自己的留资组件。视频号的留资组件使用界面如图6-31所示。

图6-31 视频号的留资组件使用界面

⑦粉丝团。开通粉丝团功能，可以引导受众加入粉丝团。合理使用粉丝团功能，可以更好地留存粉丝、提高粉丝黏性。

⑧评论管理。可以选择开启评论或关闭评论；可以设置评论敏感词，达到"控评"的目的；可以添加评论管理员，评论管理员可以协助主播管理评论。

⑨直播加热。"加热"，即花钱买流量，可以选择直接加热直播间，也可以选择加热某条视频。

除了以上功能，视频号直播间还有开启或关闭语音对讲、连麦、点赞、送礼物、展示荣耀榜、隐藏受众昵称、数据看板、推荐给朋友等功能。

注意，如果进行官方宣传的宣传主体身份特殊，比如政府机关、事业单位、公益组织、国企或央企进行官方宣传，建议关闭"送礼物"，防止出现作风、财务等方面的问题。

如果开启"数据看板"，系统将对主播展示直播间核心数据的变化趋势。

如果开启"推荐给朋友"，开播后，系统会将直播推荐给主播指定的朋友，实现精准推荐。视频号直播可被选择推荐给所有城市的朋友或指定城市的朋友，这是一个非常人性化的功能。

如今，视频号正在大力扶持直播，多参加官方活动，多开直播，官方会赠送很

> **官宣**
> 如何做官方宣传

多"流量奖励"。此外,在直播前发短视频,通常可以吸引来更多的精准受众。用自己的勤奋、才华换取流量,省下"加热"的费用,不好吗?

语音直播

视频号也支持"不见人,只出声"的语音直播,直播功能、界面与抖音的语音直播差不多。

语音直播有两种主要形式,一种是单人电台(语音聊天,受众可连麦),另一种是多人语音房(允许8位用户语音聊天或发起PK),在官方宣传中的应用都不多。

三 电脑直播

视频号的电脑直播有3种方式。

第一种是Windows微信直播,第二种是推流直播,第三种是硬件直播。

1. Windows微信直播

Windows微信直播,即用电脑微信开直播,实质上是用视频号直播工具开直播,视频号直播工具相当于抖音的直播伴侣,使用方法类似,因此,学会了抖音电脑直播,这里的Windows微信直播操作不难。视频号直播工具开播界面如图6-32所示。

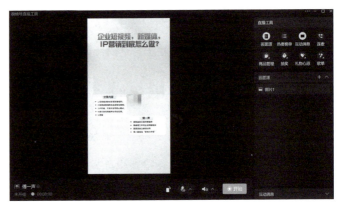

图6-32 视频号直播工具开播界面

Windows 微信直播的主要流程如下。

第一步，将 Windows 微信客户端升级至最新版后，单击左下角"设置及其他"，在弹出的列表中单击"视频号直播工具"（Mac 端微信不支持此操作）。

第二步，如果是第一次用 Windows 微信直播，会弹出插件下载提示，下载并安装相关插件后，即可看到直播准备画面。

第三步，选择添加画面源，有摄像头、手机画面、窗口、多媒体、游戏进程、桌面这 6 个选项，按照页面提示操作即可。单击"摄像头"，可选外接摄像头。

第四步，以在第三步中单击"窗口"为例，系统将自动识别当前电脑打开的"窗口"，找到需要直播的页面。单击"确定"，即可查看当前直播预览。

第五步，单击视频号直播界面右上角的 3 个点后，单击"设置"，可对麦克风、扬声器、画布及是否显示鼠标等内容进行设置。

第六步，单击"发起直播"后，可修改直播分类、添加直播描述并修改直播封面，确认无误后，单击"开始直播"。

第七步，直播开始后，可在直播画面右侧看到当前在线人数及用户评论，如果需要，可一键关闭评论。

第八步，直播结束后，可查看当场直播数据。单击"数据详情"，可前往视频号助手管理端查看详细的数据分析。

2. 推流直播

所谓"推流直播"，指的是使用视频号提供的推流地址，通过 OBS、芯象直播助手等第三方平台输出直播流。

虽说 Windows 微信直播是电脑直播的选项之一，操作便捷，但是仍然建议高频直播的宣传人学会用 OBS 做推流直播。推流直播是直播中的专业基本功，是绕不开的技能。使用 OBS，可以推流到视频号，也可以推流到其他平台。掌握 OBS 推流技术，实际上就是掌握推流到各平台的"万能钥匙"。

> **官宣**
> 如何做官方宣传

使用OBS进行推流直播，相当于把直播分割成两个环节。第一个环节，使用OBS完成直播画面配置与素材管理；第二个环节，使用视频号直播工具完成开播。

OBS的操作原理与抖音的直播伴侣的操作原理是一样的，不同的是，OBS不仅适用于抖音直播、视频号直播，还适用于其他平台的直播，功能更齐全，玩法更丰富。关于OBS的具体操作方法，由于篇幅限制，本书不便展开讲解，读者可搜索微信公众号"傅一声"，查看《OBS的直播与视频录制教程》推文，在这篇推文中，我对OBS的操作及将OBS用于视频号推流的步骤做了详细讲解及演示。

推流直播中视频号后台的其他操作与视频直播（手机开播）几乎一致，此处不赘述。视频号推流直播的创建界面如图6-33所示。

图6-33 视频号推流直播的创建界面

3. 硬件直播

针对手机以外的硬件设备，如运动相机、无人机、云台相机等，视频号提供硬件直播功能，主播不需要进行复杂的设置，就能将硬件设备拍摄的画面实时地在视频号内直播。目前，视频号硬件直播支持使用大疆、Insta360等品牌硬件，具体型号大家可自行前往品牌官网了解。

硬件直播的操作流程如下。

第一步，使用硬件设备对应的拍摄APP（简称硬件APP），在直播功能中选择微信视频号平台，会跳转微信进行登录授权。

第二步，允许硬件APP使用主播的信息后，可在直播信息设置页面进行直播封面上传、选择直播分类等信息设置。点击"开始直播"，即会对硬件设备采集到的画面进行直播。

第三步，开始直播后，硬件APP内将展示主播直播间内的评论、送礼等互动信息。

第四步，结束直播。点击"结束"，确认结束直播后，将显示本次直播的受众总数、总热度、喝彩、新增关注等基本信息。

视频号根植于微信体系，宣传人一方面要用好微信的私域流量，加强微信分享，促进社交口碑传播，另一方面要努力撬动微信体系中的公域流量。

6.5 直播宣传与推广技巧

我有个客户，耗资几百万元搭建了官方直播间，每次直播都是"大阵仗"，请电视台团队做保障，但直播内容和公司内部大会差不多，主播更像是主持人。"一顿操作猛如虎，一看受众25"，受众除了自己人，基本上没有别人，这个客户很困惑，百思不得其解——我们付出了这么大的代价，为什么直播效果这么差？

相反，我有个杭州的客户非常"抠"，直播间是用一个年久失修的顶楼小房间收拾出来的，设备靠借或就地取材，连绿幕都是主播自费19.9元网购的。从2020年开始，该客户坚持每周直播3场，直播内容以优质商品加福利活动为主，如今，账号总粉丝500余万，仅从直播间引流到微信的粉丝就有30余万，转化率一直很稳定。

在互联网时代，金钱只是"流量催化剂"，让优质的直播间获得更大的初始流量。随着流量成本越来越高，花钱不是长久之计，**优质的内容、良好的运营才是流量增长的关键**。

提升直播流量的方法很多，无论玩法多么丰富，都绕不开以下几种策略。

一 设法获取自然流量

如果选择在抖音、快手等公域平台上直播，我们一定要想方设法地获取更多的自然流量。

什么是自然流量？就是直播平台把我们的直播免费推荐给受众带来的流量。

如何获取更多的自然流量？需要做好以下几点。

第一，提高主题吸引力。直播主题要有价值、有意思，努力吸引受众停留观看。受众愿意看、愿意参与互动，直播的数据就好，数据好，会带来更多的自然流量，这是一个良性循环。做宣传工作，一定要有用户思维，我们想说什么不重要，受众想看什么才重要。

第二，内容为王。好的内容是撬动自然流量的核心，宣传人要不断提升专业知识水平，主播要不断增强魅力，增加受众的"停留时长"，提高粉丝的黏性。以董宇辉为例，凭借优质的内容，他让直播间的粉丝愿意长时间停留——即使没有购物需求，也愿意留在直播间。

第三，及时分析数据。每场直播结束后都要认真分析数据，根据数据复盘直播表现，扬长避短，不断优化。

第四，善用各种玩法。熟练掌握直播间的各种玩法，可以获取更多的自然流量。很多主播有每天看2个小时直播的习惯，在看别人直播的过程中，了解别人使用的好的玩法，借鉴到自己的直播中。

第五，积极参加平台组织的活动，获取更多的流量扶持。

平台需要用好内容留住用户，只要具备持续生产有价值的内容的能力，无论在哪个平台，都能获得源源不断的自然流量。

二 合理购买付费流量

除了获取免费的自然流量，我们还可以通过"付费加热"或者"广告投放"的方式获取付费流量。

随着直播平台的成熟、商业化，平台要盈利，开发付费功能是必然趋势。宣传

官宣
如何做官方宣传

主体组织一场大型活动，一定要划拨预算用来做投放。不过，记住，投放可以放大流量的规模，但拯救不了劣质的内容，付费流量是在为宣传效果做"乘法"，不是在为宣传效果做"加法"，10乘以10等于100，0.1乘以10等于1，而0乘以10依然等于0。

投放是一项专业技术，很多大型专业直播间有专业的"投手"。一个直播间的投放经验，需要经历较长时间的琢磨才能形成。新手要熟知平台投放规则，尝试使用不同的投放策略并做好数据统计，不断测试与总结，才能形成准确的投流模型。

实际工作中，宣传人要做好自然流量和付费流量的获取比例规划，付费流量占比不能太高，一般不能超过40%，否则很容易长期被付费流量"绑架"。付费流量是"一次性生意"，花钱就有，不花钱就没有，打造自己的流量之井，才能"为有源头活水来"。

三 积极沉淀私域粉丝

前两种策略，本质上都依托平台的流量，长久来看，必须将粉丝沉淀到自己的私域，才算是真正掌握了"流量密码"。

在不违反平台规则的基础上，宣传人可以"各显神通"，把粉丝引流到微信、QQ中。

目前，很多公域平台有自己的群聊功能，抖音有抖音群、微博有微博群……使用平台自带的群聊功能，可以对粉丝进行维护，提高粉丝黏性。

四 及时创建直播预告

很多平台有直播预告功能，使用直播预告功能，可以让前期宣传的结果"看得见"。及时创建直播预告，努力提升预约量，是提高直播初始人气的好方法，而在直播过程中善用直播预告，可以为下一场直播提前积累初始流量。

在抖音中新建直播预告，可以添加开播时间。主播可以设置每周重复推送直播预告、在直播间内展示直播预告贴片，也可以设置粉丝群自动提醒。

视频号的直播预告功能也很强大。在视频号中，可以同时创建多个直播预告，最多不超过 100 个。直播预告会展示在主播的主页、直播结束页、主播视频详情页（仅最近一场）、直播间链接（需要主播推送）、关联的公众号主页（需要设置公众号身份展示）上，受众可以保存直播预告二维码。在预告时间前后 1 小时内发起直播，预约的受众会收到开播提醒。

五 鼓励受众裂变分享

借由受众分享，可以得到更多的受众，无论在什么时候，"老带新"都是非常优质的流量来源。

视频号刚上线时，腾讯为了推广视频号，组织了多场视频号演唱会，邀请了崔健、周杰伦等知名歌手，粉丝纷纷转发，朋友圈里是铺天盖地的直播链接，此举帮助视频号迅速完成在各年龄段群体中的普及。

受众为什么会自发地分享、宣传？怎样让受众愿意分享直播链接？具体方法请阅读本书第 8 章。

六 利用其他渠道引流

线下门店、线下展位、户外广告、内部员工、经销商体系、合作商网络等，都是直播的流量来源，尤其是线下渠道，将受众引流到直播间后，可反复触达受众。让受众上门很难，让受众进直播间则简单得多，通过直播，能够有效提升存量客户的复购率。从线下到线上，从线上到线下，可以互相引流。

七 参加联合直播推广

自己的力量是有限的，合作会带来无限的空间。宣传中，宣传主体可以强强联合，有钱的出钱，有力的出力，流量共享。

很多宣传主体很难获得大流量，比如产品面对B端（企业端）的制造业企业、小众行业的企业、生产复购率低的产品的企业。怎么办？参加联合直播推广是打破流量获取瓶颈的有效手段。

B端产品可以多和C端产品联合推广，扩大覆盖人群，比如移动的政企产品和大众手机套餐联合直播推广。

复购率低的产品可以和复购率高的产品联合推广，比如海尔电器和旺旺食品联合直播推广。

官方合作、企业联合，交换各自的用户群体，"人人为我，我为人人"，可以收获1+1>2的效果。

中国联通和中石油合作后，在中国联通的直播间里可以领到中石油的油卡福利，在中石油的直播间里可以领到中国联通的电话卡福利，此举既为自己的受众谋了福利，又对双方的直播进行了推广，何乐而不为？

本章介绍了不同直播间的搭建方法与素材设计技巧，详解了抖音和视频号两大代表性平台的直播编辑与开播，以及直播宣传与推广技巧。本章内容是所有宣传人必须了解的，即便有的宣传主体把直播外包给了第三方，自己也要懂得背后的门道。未来，直播在宣传领域的应用会越来越广，一方面，我们要跟上时代发展的脚步，持续迭代自己的知识体系；另一方面，我们要多结合行业特性，成为优秀的"编导"，开发更多宣传创意。

第 7 章

地网：激活线下宣传

虽然"天网"和"人网"传播效率高、覆盖人群广,但是要想给受众好的体验并提高转化率,还得靠"地网"——"地网"宣传是宣传工作跑完"最后一公里"的关键。

本书第1章已经针对"地网"的主要作用与宣传逻辑进行了介绍,本章主要分享与"地网"有关的具体宣传策略与案例。

联名营销 7.1

如今，联名营销早已不是新鲜事。坊间戏称"联名品牌千千万，茶饮品牌占一半"，因为茶饮行业的头部品牌几乎每个月都会进行联名营销。

2017年6月，喜茶与美宝莲完成了第一次联名合作，自此找到了"流量密码"，开启了联名之路。2017年、2018年，喜茶分别进行了3次、11次联名营销。2019年及之后，喜茶的联名营销频率基本在每年20次上下。2023年，喜茶与FENDI官宣联名推出新品"喜悦黄"，各地门店爆单；几周之后，喜茶携手经典电影《喜剧之王》推出新品"初恋瓜瓜甘露"，同样大获成功。喜茶将联名营销玩得炉火纯青，甚至有业内人士评价喜茶为"中国消费品牌联名营销的天花板"。

喜茶的联名营销这么频繁，且每次效果都很好，说明联名营销的成功不是偶然。那么，联名营销到底有什么成功秘诀？

联名营销，指两个或两个以上品牌（或IP）展开合作，利用双方的优势资源，融合双方的核心要素，推出联名产品、活动或服务。联名营销的本质是借势，是依靠品牌间的化学反应与叠加作用，满足消费者的多元需求。

青山资本创始人张野曾提出：**跨界营销的势能来自"冲突+共享"**。冲突，是将原本不相关的元素结合在一起，制造反常及话题点；共享，是分享各自的渠道，以覆盖更多的消费者，解决获客成本高的问题。

冲突是带来流量的关键，共享是带来销量的关键。 通过"冲突+共享"，不仅能够覆盖两个或两个以上品牌各自的粉丝，还有机会"破圈"。"破圈"，即突破原有的圈子，被更多的人认识和接纳。

瑞幸与茅台联名，成功推出了咖啡"酱香拿铁"，如图7-1所示。酱香拿铁首日单品销量超542万杯，销售额过亿，一度卖断货，刷新了瑞幸的单品销售纪录。朋友圈掀起分享热潮，瑞幸和茅台都"赢麻了"，成功"破圈"。

图7-1 瑞幸咖啡"酱香拿铁"

"大众咖啡"与"奢侈品牌"的联名制造的巨大"冲突"，充分调动了消费者的好奇心与情绪，激活了线下流量，而瑞幸与茅台的差异化客群，把"共享"的效益展现得淋漓尽致。这次联名营销，不仅获得了极好的宣传效果，而且打破了大众对两个品牌的固有印象，实现了"双赢"。

除了茶饮行业，其他行业利用联名营销，同样取了巨大的成功，如故宫口红、螺蛳粉、大白兔奶糖……通过跨界和联名，从"舒适圈"中突围，打开了新的增量市场。

联名营销的主战场看似在门店，实际上早就利用"天网"流量完成了预热。

酱香拿铁于 2023 年 9 月 4 日正式上市，但从 2023 年 9 月 1 日开始，瑞幸便每天发布一张悬念式预告海报，海报中多次出现"53 度""贵州"等关键词，让不少网友猜测到了联名新品的合作对象。2023 年 9 月 3 日晚，随着上市时间的临近，一些美食头部博主发布相关短视频及图文进行爆料，进一步强化了预热效果。

如果只是一杯咖啡，不足以产生这么大的"动静"，接下来，媒体、交警等围绕"喝茅台联名咖啡能否开车"展开讨论，朋友圈刷屏"满杯茅台去咖啡液"等段子，"酱香拿铁里到底有没有茅台"等话题持续引发热议……从平台热度方面看，话题相关热度在视频平台及社交媒体上的占比分别为 57.4%、34.5%。

"天网"和"人网"负责传播，"地网"负责转化，酱香拿铁案例中，"三网"配合堪称完美！

7.2 色彩营销／情绪营销

2023年上半年,"多巴胺色"火得一塌涂地;2023年下半年,"美拉德风"刷屏朋友圈。

什么是多巴胺色?多巴胺是脑内分泌的一种物质,可以影响人的情绪。多巴胺色到底是什么颜色,并没有明确界定,很多明亮色、高亮色、荧光色,都可以被称作多巴胺色。以往,人们在进行色彩选择时很喜欢莫兰迪色,但是2023年,多巴胺色突然火了,从色彩心理学的角度分析,明亮、鲜艳的色彩能够激发多巴胺分泌,让人产生愉悦感。很多品牌快速反应,在新品中融入多巴胺色。

多巴胺穿搭火了后,香奈儿一改自己的经典黑白配色,在上海开了一家色彩解码快闪店,主打"快乐多巴胺",备受欢迎。

瑞幸、库迪、茶百道、CoCo都可等品牌也扎堆推出多巴胺新品,销量十分可观。星巴克也不例外,推出了多巴胺配色新品Pink Drink粉粉生咖、Dragon Drink幻紫生咖。

由"多巴胺"概念引申出"快乐因子"概念后,从可视的色彩到不可视的生活态度,都能用到"多巴胺",如"多巴胺漫步""多巴胺饮食""多巴胺休假"等,均爆火。

第 7 章
地网：激活线下宣传

为什么多巴胺色会火？实际上，颜色带给受众的远不止视觉上的感受，更重要的是这些带有暗示性的色彩可以快速调动受众的情绪。**借用容易关联或者引发某种情绪的色彩调动受众的情绪，这便是色彩营销。**

色彩营销，本质上是一种情绪营销。情绪营销是基于消费者情感和心理的营销策略，旨在通过调动消费者的情绪促进产品或服务的销售。色彩营销的具体做法是以热门色彩为表达形式，将品牌打造成"情绪体"，为消费者找到情绪释放口。

2023 年十大流行语统计中，"情绪价值"上榜。情绪价值本为营销学概念，指受众感知的情绪收益和情绪成本之间的差值。情绪价值能够具象化产品、服务带给受众的情感体验，是一种非物质性的附加价值。情绪价值的被关注，反映了现代社会人们对更高层次美好生活的心理需求。

美拉德风的火爆同理，这种风格以棕色调为主色调，包括深棕色、红棕色、暖黄褐色等，有时会加入卡其色或米白色，营造温暖、复古且富有层次感的氛围，适合秋冬季节。和多巴胺色一样，美拉德风用有沉稳气质的棕色调对应着受众的情绪，在天气转凉时给受众带去温暖治愈的安全感和归属感。这便是品牌与受众产生关联的核心点。

同样是情绪营销，"寺庙经济"非常值得研究。网友们调侃的"年轻人在上班和上进之间，选择了上香"，对应的是越来越多的年轻人带着生活中的焦虑涌向寺庙。

很多品牌迅速找到灵感，将寺庙经济背后的人们的情绪需求同自己的产品进行关联，开展情绪营销。

饿了么联合福泉书院，推出"秋天第一杯佛系奶茶"，通过提供情绪抚慰，占据"下午茶"这一消费场景。

星巴克推出一款车载"电子木鱼"摆件，将受众隐藏的"释放压力""祈求好运"等心理需求与喝咖啡进行联系。

火爆的雍和宫手串成为众多潮人的必备首饰，很多知名人物佩戴手串的照片被到处传播。

……

7.3 城市宣传

近年来的城市宣传可谓"大放异彩",出现了很多非常有借鉴意义的宣传案例,沉淀出很多"地网"宣传的好点子。

 "特种兵式旅游"背后的隐藏需求

2023 年,很多年轻游客踏上"夕发朝至"的列车,日行八万步、速刷城市景点、24 小时极限吃遍城市美食,舟车劳顿后照常在休息日后返回常居地上班、上课……这种时间紧、游玩景点多、花费少的赶场式短途旅游,被广大网友戏称为"特种兵式旅游"。

以服务特种兵式旅游群体为切入点,很多商家做了不少探索,吃到了红利。

南京市海福巷一家电动车店的"90 后"店主捕捉到了潜在的商机,针对特种兵式旅游的游客推出了一日租、两日租的短租业务,非常受欢迎。店主说:"清明节的时候,业务量大概增长了 85%,到了五一,店内的车全租出去了。"无独有偶,哈啰电动车推出日租优惠后,大大拓展了市场。

此外,不少游客因高强度旅游、在美食街疯狂吃喝、昼夜温差较大但衣服更换不及时等原因导致急性肠胃炎病犯,"消化需求"大增,对此,一些餐饮品牌立刻与消食片品牌进行跨界合作,开展门店"助消化"服务。

一家知名火锅店和一家排骨店推出了吃饭送健胃消食片的服务,在众多美食博主的打卡推广下,一跃成为"网红店"。

特种兵式旅游之类的现象背后有很多隐性需求,谁能够率先关注并满足这些需求,谁就能够率先拥有新的宣传创意。

Citywalk(城市漫步)背后的场景营销

2023年的夏天,Citywalk火了!所谓"Citywalk",主打随心所欲,并不需要提前大费周章地做攻略,也没有固定的出行规划,强调的是不设限、慢节奏、在漫步中感受城市的鲜活生命力。Citywalk的慢节奏和特种兵式旅游的快节奏刚好相反,但不妨碍这两种相互矛盾的旅行方式同时走红,因为每种旅行方式都有对应的群体需求。

Citywalk为什么会流行?因为很多人长期处在快速的社会节奏与紧张的职场环境中,慢生活成为他们追求的时尚且有个性的消费选择。

乘着Citywalk的"东风",很多品牌把Citywalk+模式向更多的生活、消费场景拓展、延伸,将自身特色与消费者的兴趣结合,与消费者互动,强化品牌形象、提升品牌影响力。有的线下门店将自家店铺融入Citywalk路线,以吸引更多客流;有的品牌将自己的广告巧妙地植入人们的生活场景,这也是非常好的场景营销。

在品牌创新营销方面遥遥领先、常年横扫广告传播界大奖的上海电信自然不会错过这么好的宣传机会。

结合年度Citywalk热潮,上海电信策划的"Citywalk的美好"活动出现在街头巷尾,"魔都"Citywalk路线里的石库门弄堂、社区旁的菜市场、重新开业的上海书城、人见人爱的熊爪咖啡、上班路上常见的葱油饼店,甚至城市里的路牌都成了"电信业务推荐官",如图7-2所示。上海电信的活动覆盖了城市生活中的衣食住行,成功

官宣
如何做官方宣传

将看不见摸不着的数字技术带来的美好体验与现实城市生活结合了起来。

活动的宣传效果非常不错，社交平台的总阅读量超过1.2亿次、互动讨论数超过4.3万次。活动期间，上海电信的热线咨询量增长82%、相关业务办理量环比上涨26%。

除了Citywalk，越野、露营、路跑、骑行等，都在成

图7-2 上海电信Citywalk的活动宣传

为年轻人的新的"社交货币"，各大品牌均在其中寻找着商机，以各类场景为沟通触点，推动品牌、产品与受众建立深度链接。

蕉下洞察到城市青年的压力无处释放的痛点，发起了一次轻量化48H出逃活动，鼓励受众用一个周末的时间，走进大自然，为自己充充电。

小红书接连发起"人就应该待在没有天花板的地方""徒步是陪自己好好走段路""自然的入口是生活的出口"等话题，逐步打造户外生活话题矩阵。

户外品牌在场景营销方面做得很好，它们会通过营造各类场景，给予受众沉浸式体验，同时植入品牌精神与理念，通过对生活态度的构建，与目标人群进行深度链接。

2023年3月，诺诗兰与《中国国家地理》联合评选、发布了50个徒步目的地，并在官方小程序中规划了50条线路，召集用户探索、打卡这些徒步目的地。

2023年12月，北面在上海热门地标张园组织"极夜未眠"联名系列限时快闪活动，模拟户外环境，将"极光"与"雪"线下装置化，让受众沉浸式感受品牌的户外文化，同时表达"直面北上"的探索精神。

城市宣传背后的口碑效应

借力"烧烤",2023 年,淄博这个非热门旅游城市一夜成名!回顾淄博的走红,从大学生组团旅游到全民"赴淄赶'烤'",有一定的运气成分,但更多的是实力保障。淄博市政府捕捉到了这波流量,出台了一系列广受好评的政策,如成立烧烤协会、举办淄博烧烤节、发放 25 万元烧烤消费券……淄博市政府以美食为起点,打造了整座城市的好口碑,吸引了更多的游客前来。淄博烧烤的火爆"出圈",让大家看到了城市宣传的更多可能性。

2023 年 5 月 13 日,贵州省黔东南苗族侗族自治州榕江县举办"和美乡村足球超级联赛",大家亲切地称呼其为"村超"。据权威媒体统计,自"村超"开赛以来,单场最高上座人数超 6 万人、全网浏览量超 480 亿次、抖音相关视频播放量超 130 亿次。接着,"村 BA"(乡村篮球比赛)、"村排"(乡村排球比赛)等陆续"出圈",闲鱼借势营销,将闲置椅子搬到比赛现场,用这件暖心小事,让受众对闲鱼的品牌形象有了实感。

此外,"天津大爷跳水"带火了天津。天津的大爷大妈们在海河跳水的视频广为流传,海河上的狮子林桥、北安桥等由此成为网红打卡的"经典"。天津的大爷大妈们的幽默、乐观、活力"圈粉"无数,向大家揭示了"人是最可爱的城市名片"这个道理。

无独有偶,天津跳水大爷有好口碑,哈尔滨人则是全民好口碑。哈尔滨市民热情地对待南方游客、哈尔滨市政府对旅游业的发展提供强有力的支持,这些举动,将哈尔滨送上了 2023 年冬日最火旅游城市的"宝座"。

7.4 巨物宣传

巨物宣传是非常简单、易执行的宣传创意,只要放大原有物品的尺寸,就能轻松激发人们的好奇心、抓住人们的注意力。

2023年4月23日,KIC知识艺术节联合B站在上海市杨浦区大学路进行了一场别出心裁的"悦读季"宣传——在广场中央放置了一个占地约80平方米的巨型图书模型,如图7-3所示,吸引了不少路人拍照、打卡。

图7-3 巨型图书模型

第 7 章
地网：激活线下宣传

2023 年 12 月，知名奢侈品品牌路易威登在上海市黄浦江边放置了一个巨型手提包模型，如图 7-4 所示，为即将到来的时装秀做预热宣传，吸引了不少关注的目光。

图 7-4　巨型手提包模型

平价超市奥乐齐在上海市静安寺地铁站里放置了巨型蔬菜模型，如图 7-5 所示，被周边居民津津乐道许久，宣传效果极佳。

图 7-5　巨型蔬菜模型

巨物宣传物料有不同寻常的尺寸、别具一格的设计，非常容易吸引路人的目光。用"视觉锤"锤起用户的分享欲，有利于成为网红打卡点，聚集流量。

7.5 故事宣传

故事天然具有吸引力，通过讲故事激发受众的情感共鸣，能够"润物细无声"地完成宣传工作。可以说，讲故事是建立品牌和消费者间的情感关联的捷径。

2024年，珀莱雅策划了根据真实故事改编的微电影《谢谢记得》，讲述了一段关于"记得"的故事。这个微电影温暖动人、引人共情，是个很好的品牌宣传作品。

能否让故事照进现实呢？这是一个很好的线下宣传创意。

杭州地铁3号线上有一个名为"留下"的站点，珀莱雅在该站点举办了"谢谢记得"珀莱雅用户故事展，如图7-6所示，线上与线下联动，对用户进行了深情告白。

图7-6 "谢谢记得"珀莱雅用户故事展

第 7 章
地网：激活线下宣传

观察图 7-6 可以发现，珀莱雅在地铁站的墙上铺陈了一块块用记忆碎片拼成的巨型拼图，把地铁站的过道打造成了品牌长廊。用吊旗展示了近 30 个用户的故事；把拼贴诗做成了一块块磁性贴，供用户亲自拼出表达心声的句子；为参与活动的用户派送礼物……这都是珀莱雅的宣传创意。

珀莱雅使用"话题＋地铁诗歌展＋礼盒"的组合讲述故事、增加互动、感恩用户，博得了很多用户的好感，提高了用户与品牌之间的黏性。

故事宣传是为用户提供情绪价值的方式之一，故事既能传递品牌情感，又能调动受众的消费热情。

为了迎接疯狂动物城的正式开园，上海迪士尼在上海地铁的人民广场站中精心打造了疯狂动物城的场景，沉浸式讲述了疯狂动物城的故事，让乘客仿佛置身于动画世界，如图 7-7 所示。路过的乘客不仅纷纷驻足观看，而且自发地发着朋友圈，大呼"次元壁破了"，吸引更多人前来打卡。通过地铁宣传，迪士尼的疯狂动物城成功完成预热。

图 7-7　疯狂动物城的地铁宣传

7.6 热点演绎

在互联网上,人们能够频繁地看到各种有意思的内容,但是在现实生活中,有意思的事情并不多见。将互联网上的热点内容在线下演绎出来,往往能够高效率地吸引"地网"流量,并且带动"人网"和"天网"分享。

在热点演绎方面,海底捞一直是优秀代表。举个例子,2023年,"科目三舞蹈"让海底捞大火了一把。

很多人是通过海底捞知道"科目三舞蹈"的,但实际上,该舞蹈已经火了很多年了,只不过是地区性的。"科目三舞蹈"全称为"广西科目三舞蹈",首次出现于广西某婚礼现场,此后,坊间流传"广西人一生会经历三场考试,科目一唱山歌,科目二嗦米粉,科目三跳舞"。

作为新媒体培训师,我多年前便研究过"科目三舞蹈"的传播情况。"科目三舞蹈"之类的"社会摇舞蹈"一直是抖音、快手、B站上的"香饽饽",但并不被主流文化接受,甚至经常被批"非主流""土"。因此,过去,"科目三舞蹈"一直是小众群体的爱好,始终未做到全民流行。

转机,在海底捞!

某次,海底捞服务员在为顾客庆祝生日后额外赠送了一段"科目三舞蹈"表演,

第 7 章
地网：激活线下宣传

没想到反响非常好。之后，越来越多的海底捞服务员开始跳该舞蹈，很多人通过社交媒体知晓此事后，甚至专门到海底捞点名海底捞服务员表演。形成一个正向循环后，"海底捞科目三"爆火。得益于海底捞的推动，"科目三舞蹈"走向了"国际舞台"，风靡全球。

接下来，似乎谁跳"科目三舞蹈"，谁就容易获得流量，于是，很多宣传主体借由跳"科目三舞蹈"达到宣传目的，很多门店、比赛、活动现场都出现了跳该舞蹈的身影。有舞蹈专业的学生结合蒙古舞等民族舞蹈改编"科目三舞蹈"，很好地宣传了民族舞；有专业芭蕾舞团在谢幕时突然跳起"科目三舞蹈"；世界体育舞蹈大奖赛上，多名舞者竟一起展示了与拉丁舞步结合的"科目三舞蹈"……中国新闻网据此发表文章《国际热评：世界都在跳这个舞，这波文化出圈没想到！》。

海底捞对互联网上的小众舞蹈进行演绎，吃到了第一波红利，海底捞品牌得到了巨大的曝光，海底捞门店得到了巨大的客流，这就是流量的力量。随着"科目三舞蹈"爆火，更多人加入演绎行列，充分体现了蹭好热点也能分到流量的蛋糕。

海底捞服务员跳"科目三舞蹈"成功"出圈"后，不少海底捞服务员开始自发地学习该舞蹈。#海底捞跳舞服务员月薪过万#这一话题一度冲上微博热搜，对此，海底捞相关负责人称："海底捞一直鼓励门店伙伴结合自身特长和顾客需求进行各类创新，并设立了相应的创新激励机制。能够获得顾客认可的员工，公司会进行相应的激励，有创新之举会给予奖励，多劳多得。"

宣传主体要向海底捞学习的不仅是捕捉网络热点的能力，还有背后的管理制度。若员工想要尝试演绎热点，常因领导担心出现"未知的风险"而无法实施和奏效，是非常可惜的。

除了热点演绎，宣传人还可以自创有特色的活动，一旦"出圈"，便能成功自制热点。作为热点演绎的优秀代表，海底捞曾贡献了其自创的"海底捞生日祝福""海底捞暗号"等知名营销创意，大家可深入了解、学习。

除了以上表演形式，"玩梗"也是热点演绎中的一种有效的宣传技巧。"玩梗"，

官宣
如何做官方宣传

本质上是借势营销，通过与热梗或热门事件关联，引发他人的关注和喜爱。

什么是"玩梗"？"玩梗"指在特定语境中，对某些流行元素或表达进行加工和改造，表达新的意义或完成幽默传递。比如，对互联网上的一些热门语句、表情包，以及高人气视频中的经典片段进行模仿、改编、恶搞，就属于"玩梗"。

"玩梗"深受年轻一代的喜爱，网络"热梗"几乎成为互联网时代年轻一代迅速"锁定眼神"的社交利器。很多宣传主体深谙其道，利用"网络热梗"玩起"梗营销"，通过和受众建立情感共鸣，获取更多年轻市场。雪碧、大润发、杜蕾斯、旺旺等品牌，都是"玩梗"的佼佼者。

在新媒体培训中，我经常教学员使用"玩梗"的技巧做宣传，比如"文旅局长变装""中国联通客服小姐姐跳舞"等，都是非常成功的案例。

"玩梗"讲究"速度"，一定要快速响应，才能抢占先机。与此同时，"玩梗"要有"创意"，将"热梗"与自己的品牌或产品结合，效果更佳。"玩梗"，可以自创，也可以借势。

互联网上，常有人调侃："来瓶82年的雪碧！"于是，雪碧借势推出"82年的雪碧"，并用了有复古情怀的包装。"来瓶82年的雪碧"宣传图如图7-8所示。

雪碧通过"玩梗"，拉进了与消费者之间的距离，让消费者以"82年的雪碧"为记忆点，加深了品牌印象，同时间接地体现了品牌的历史、包容与幽默。

2023年9月10日，有网友在某知名主播的直播间表示美妆品牌花西子的眉笔（直播间标价79元）越来越贵，该知名主播看到后回怼："哪里贵了？不要睁着眼睛乱说。国货品牌很难的，有时候找找自己的原因，这么多年了，工资涨没涨？有没有认真工作？"

图7-8 "来瓶82年的雪碧"宣传图

该言论迅速引发全网热议，"79元的花西子眉笔"成为网络热梗。

知名国货品牌"蜂花"火速上线3款79元套餐，套餐为洗护产品的净含量有五斤半之多。"蜂花"旗舰店官方账号还晒出自家产品，称"只要0.12个'花西子'哦"，被众多网友调侃"走在吃瓜一线"，圈粉无数。

在蜂花效应下，不少国货品牌加入"战局"，比如，郁美净、鸿星尔克、莲花味精等品牌均上线了79元套餐，其中，郁美净是连夜注册的账号，迅速涨粉近90万。花西子事件后，"老牌国货销量暴涨"登上微博热搜。

这些年，很多国货品牌仿佛突然开窍了，借助热点演绎，硬是变逐步被大众遗忘为强势崛起、一夜翻红。除了蹭热点，很多国货品牌在自创热点。

目前，老牌国货之间有不少梦幻联动，比如，莲花味精直播间里的主播在用蜂花洗发水洗头、鸿星尔克直播间里的主播在吃白象方便面、汇源直播间里的主播在喝蜜雪冰城……

《浙江日报》曾评论，老牌国货要想一直"活下去"且"活得好"，要不断创新……营销创新、宣传创新，让国货品牌更贴近年轻一代，在传承老味道的同时玩出新花样。唯此，老"国潮"才能真正"回潮"。

人们在互联网的世界里待得太久，反而会更珍惜现实的体验。冲在5G上网的第一线、冲在"吃瓜"的第一线、冲在热点演绎的第一线，做好线上与线下联动，就会拥有无限的机会！

当然，宣传主体一定要注意什么热点可以蹭，什么热点不能蹭，不能为了获取流量而不择手段，一定要尽量避开争议大或有负面隐患的热点。**作为宣传主体，必须守好底线、不踩红线、坚持传播正能量！**

7.7 打造网红点

在线下流量整体下滑的趋势中,网红点的流量却一直保持逆势增长。网红模式,是当代最具性价比的宣传模式之一。一个门店,只要被称为"网红点",就会吸引大量的受众前去打卡,即使这个"网红"称号是个乌龙。

2023年春天,上海市街头的郁金香火了。很多博主晒出照片,如图7-9所示,武康大楼前似乎开满了郁金香。很多人慕名前去打卡。

图7-9 有关武康大楼前的郁金香的小红书笔记

大家实地观看后，发现郁金香只有小小一盆，7个花骨朵儿，如图7-10所示。所谓"开满了郁金香"，只是借位拍摄的结果。

图7-10　游客打卡"网红郁金香"现场

更有趣的是，现场有人说："我早就知道实情，但仍选择来打卡。"没错，很多人到了现场后，忙着模仿在互联网上看到的照片拍同款，玩得不亦乐乎。有人在接受采访时说："现实和照片的反差，有时也能带来乐趣。"

可见，有时候，人们到网红地打卡，并非有明确的功利化目的，更多的是追求情绪、情感上的满足。

原本普通的地点或店铺，加上"网红"二字，似乎就镀了一层金，吸引着无数人前去一探究竟。

那么，如何打造网红点呢？

以门店为例，有的门店为了成为网红店，斥巨资进行装修，做网红拍照墙，结果钱花了，依然门可罗雀。**网红店不是装修出来的，也不是用钱堆出来的**，这样打造网红店，即便短期有些流量，也很难长久。事实上，由于跟风装修，全国已经有很多门店雷同，把原有的特色都丢了。

官宣
如何做官方宣传

战略学家威兹曼说，问题的解决方法往往不在问题的发生层面上，而在与之相邻的更高层面。也就是说，要用更高层面的思维去解决相对低层面的问题。打造网红点，要理解网红点之所以能成为网红点的本质原因。

网红点之所以能成为网红点，是因为具有传播点！

无论是令人心驰神往的环境，还是别出心裁的店面设计，抑或是有意思的表演，只要具有传播点，就有机会成功。如果受众体验后，会迫不及待地进行分享，说明这个传播点能够成为"社交货币"。

理解了这个本质原因以后，宣传人要想办法设计合适的传播点。

前文介绍的联名营销、城市宣传、巨物宣传、热点演绎等，实际上都是找到了正确的传播点才获得流量与传播的。

某酒馆服务员开瓶盖的方式很特别，每当顾客需要开啤酒瓶瓶盖时，一位戴着护理面具、身穿中国传统服饰的女服务员就会上前，手拿塑料板，一秒打开啤酒瓶瓶盖，开瓶动作一气呵成，手法娴熟潇洒，常令一旁的顾客既意外又惊喜，甚至要求拿出手机记录、分享。该酒馆成为网红店后，很多人专门来此体验服务员的另类开瓶盖服务。

曾经的网红铁锹海鲜也是一个很好的实例——服务员手拿一把铁锹，所有食材都装在铁锹中，没有其他餐具，桌子上垫一张隔油纸，上菜过程视觉效果拉满，引得很多顾客拍照分享。

传播点可以是有特色的环境、有意思的服务方式，也可以是充满魅力的人。设计传播点、打造网红点的过程是不断试错的过程，一个方案不行，换一个，成本低一点，尝试多一点，保持新鲜感与仪式感，网红点才能长红。

有了传播点以后，可以使用各种方法扩大传播，吸引更多人前来。除了推动受众自发分享，宣传主体还可以拍摄Vlog、拍摄短剧、组织特色活动等，让自己的传播点得到更多的曝光。

福利宣传 7.8

送福利是常见的宣传方法之一，福利宣传的背后是"买客户思维"，即花钱买客户。为什么有的宣传主体能低成本引爆宣传，有的宣传主体耗资巨大却只是单纯地被"薅羊毛"？如今的受众见多识广，可以轻松识别福利套路。福利宣传，要求有越来越多的巧思。

妻子怀孕时，我陪她去社区医院建档，登记产妇信息后，工作人员送给我们一个粉红色的袋子，袋子上印着某月子中心的广告，里面是待产包，以及一些需要常备的用品，全部是十月结晶这个品牌的产品。那时候，我们还没有开始了解母婴用品，十月结晶是我接触的第一个母婴品牌。

等到正式准备待产包的时候，我们选择网购各类用品。因为网购没有办法看到实物，于是我拆开了社区医院赠送的用品进行使用体验。发现还不错后，我们购买了很多十月结晶的产品。后来，我们购买产后用品、小孩用品时，都会第一时间想到十月结晶。

该案例中，社区医院赠送的各种用品就是福利。借助这个福利，月子中心在做宣传，十月结晶也在做宣传，但是两者的转化效果是有巨大差别的。十月结晶的宣传显然是成功的，月子中心的宣传为什么失败了？

在袋子上印名字并无法让受众产生好奇，也无法加深受众对自己的信任，这是无效宣传。其实，月子中心只要稍加改进，就能成功引流更多受众。比如，在包装袋上印上待产包清单、在袋子内放置一些科普资料、拍摄一些科普视频（以月子中心为拍摄场景，出镜人和案例都是月子中心的），用这些内容吸引受众线下了解和体验，宣传引流效果会有显著提升。

由此可见，除了选对福利，宣传形式和发放方式也有讲究，这些问题，宣传人都要充分考虑到。

 大众宣传福利

如果宣传主体仅以宣传为目标，可使用大众宣传福利策略，具体做法是将广告印在受众需要使用的福利物品上发放给受众，让受众在使用福利物品的过程中不断看到广告。

这样发放福利，要注意发放福利的方式，比如，地推派发虽然简单，但效率低、效果差，受众受"无功不受禄"的心理影响，会有戒备心，且吸引到的大多数是不精准的"羊毛党"。最好让受众在真实的使用场景中收到福利物品，并在福利物品中看到广告。比如，通过社区医院发福利，比让地推人员在医院门口发福利好得多！

可参考的有效的发放福利形式如下。

（1）制作质量比较好的购物袋，免费送给各社区便利店。

（2）给学校、医院、银行、邮局等单位免费提供笔、笔记本。

（3）给小区、商圈等提供指引牌、温馨贴士等。

（4）给各企业前台送有创意的鼠标垫，让前台人员发放。

（5）给酒店、棋牌室、宾馆等场所赠送扑克牌。

（6）在商场、超市、购物中心停车场出口发放盒装抽纸。

（7）在商场、超市、购物中心停车场入口发放电话移车通知牌、幽默车贴等。

"鱼饵"引流

如果宣传主体以拉新为目标,使用"鱼饵"引流策略更加合适。"鱼饵"概念来自《鱼塘式营销:小成本撬动大流量》(简称《鱼塘式营销》)一书,在鱼塘式营销模型中,我们将宣传主体引流比喻为"钓鱼"——想要成功"钓鱼",必须用好"鱼饵"。

作为鱼塘式营销的提出者和深度实践者,我为大家分享3种有效的"鱼饵"。

1. 产品类鱼饵

宣传时,宣传主体可以以超低价产品为"鱼饵"吸引受众,比如培训机构用体验课引流、健身房用月卡引流、牙科医院用低价洗牙套餐引流等。

用于引流的代金券或折扣券也属于产品类鱼饵,比如洗车券、咖啡券、新人理财券等。用超低价产品做"鱼饵"的案例数不胜数,只要留心观察,我们会发现身边随处可见。做一个有心人,遇到案例多分析、多思考,很容易获得灵感与成长。

2. 爆品类鱼饵

严格来说,爆品类鱼饵属于产品类鱼饵,因其有自己独特的引流逻辑,这里单独讲解。爆品是所有产品中口碑最好、卖得最好的产品,以爆品为"鱼饵","掳获受众芳心"的成功率最高。先使用爆品进行引流,待受众对品牌有好感后,再使用其他利润更高的产品赚取利润,不失为一个绝佳的宣传策略。

小米是爆品类鱼饵的使用高手。小米不仅推出了高性价比的手机,而且每进入一个新行业,都用爆品"打头阵",如充电宝、行李箱、插线板等。爆品类鱼饵为小米带来了大量的用户,同时帮助小米积累了大量的忠实粉丝。

注意,小米造车时并没有使用爆品类鱼饵。小米造车时直接瞄准高端车型,其首款汽车——小米汽车SU7,无论是配置还是颜值,在上市前就颇受肯定,但预估价格略高。小米汽车刚准备入场，新能源汽车就掀起价格战，友商在小米汽车上市前纷纷降价，让雷军迟迟不敢公布价格。没有了爆品类鱼饵，即便是小米，也面临窘境。

反观另一个国产汽车品牌——比亚迪，既有秦、宋等高性价比的爆品系列，又有汉、海豹等高端旗舰系列，还有仰望等超豪华系列，有的产品负责占领市场，有的产品负责赚取利润，宣传推广就容易得多。

3. 体验类鱼饵

体验类鱼饵，指用来引流的服务。受众通过体验产生感知、增强信任，进而被转化。体验类鱼饵在生活中极其常见，容易为用户培养某种习惯的产品和生活服务尤其适合使用体验类鱼饵进行宣传、推广。

《鱼塘式营销》一书记录了吉善泉袋装水的宣传、推广案例——该商家主动提出免费试喝，不仅把水免费送给用户喝，还连饮水机一起借给用户用，体验着喝完5袋水之后，大多数用户会形成习惯，不想更换品牌了，这时，只要用户买满××袋水，饮水机就免费赠送给用户。此举帮助吉善泉袋装水留住了不少用户。

本章介绍了联名营销、色彩营销/情绪营销、城市宣传、巨物宣传、故事宣传、热点演绎、打造网红点、福利宣传等"地网"宣传创意，既有经典模式，又有近年来出现的创新模式。只要留心，生活中有大量的案例可以对号入座。正所谓"外行看热闹，内行看门道"，作为宣传人，可以多用专业的视角看待身边的各类宣传行为，将其内在的优秀元素融入自己的宣传，只有这样，灵感才能"永不枯竭"！

第 8 章

人网：
引爆社交口碑

"人网"流量主要指社交流量,"人网"宣传,既包括人们的口口相传,又包括来自各大社交媒体的分享与传播,因此,严格意义上,"人网"宣传和"天网"宣传、"人网"宣传和"地网"宣传,很多时候是重叠的,比如,视频号的转发,算"天网"宣传,也算"人网"宣传。宣传人在理解这些概念时,要透过现象看本质,充分地将三者结合。

"人网"宣传的核心目的是实现口碑沉淀与社交分享,进而得到更广泛的传播。"人网"宣传与熟人社交强相关,因此,宣传触达的人群非常精准。

如何做好"人网"宣传呢?怎样在各场景中让受众自发地为我们宣传?本章主要回答这些问题。

8.1 口碑传播的秘密

在"人网"宣传中,口碑传播的效果最值得期待!口碑传播是市场中最强大的控制力之一,因为口碑不仅成本低、稳定,而且极具可持续性。不同于很多广告的"一次性"传播,口碑传播是可累积的,好口碑的累积是品牌极其珍贵的无形资产。口碑传播不是靠运气传播,是有方法与技巧的,为什么海底捞、喜茶等品牌总是能够制造引爆社交网络的事件?因为它们掌握了口碑传播的诀窍。

只有掌握了口碑传播的底层逻辑,才能在策划细节上有的放矢。如果只是依葫芦画瓢地模仿他人,往往不得要领、疲于奔命。

到底什么决定着口碑传播的效果?宾夕法尼亚大学沃顿商学院教授乔纳·伯杰的著作《疯传:让你的产品、思想、行为像病毒一样入侵》(简称《疯传》)一书中提到了6个原则,这6个原则已成为社交传播领域的经典理论,很多品牌都通过实践该理论取得了卓越的传播效果。

《疯传》总结了流行的6个原则,分别是社交货币原则(Social Currency)、诱因原则(Triggers)、情绪原则(Emotion)、公共性原则(Public)、实用价值原则(Practical Value)和故事原则(Stories),简称"STEPPS"。宣传人要充分理解每个原则,应用其中一个或者多个,就能大大提高口碑传播的成功率。

> **官宣**
> 如何做官方宣传

一 社交货币原则

社交货币是用来衡量用户分享品牌相关内容的倾向性的概念。用户分享的动机，是让自己收获家人、朋友、同事更多的好评和更积极的印象，这是口碑传播的源泉。因此，社交货币原则的应用实质是利用人们乐于与他人分享的特质，塑造自己的产品或思想，从而达到口碑传播的目的。

只要宣传主体能够为用户铸造社交货币，就能大大提升用户分享的意愿。 那么，如何铸造有效的社交货币呢？

第一，增强事件的内在吸引力。有的事件天然容易吸引用户，比如有趣的、新奇的、打破常规的、充满冲突的、引发共情的事件，这些事件都自带内在吸引力。在《运营之巅》一书中，我把这种内在吸引力称为"流量密码"，主要观点如图8-1所示。

第二，游戏化设计。人们大多乐于参加游戏，并且人们在游戏中获得突出的成绩后，往往很愿意主动谈论这个游戏，炫耀他们的成就。举个例子，王者荣耀、羊了个羊等游戏，都具有明显的社交属性。宣传人可以尝试在活

图8-1 《运营之巅》中的六大"流量密码"

动、产品中加入游戏化机制，常见的游戏化机制有4种，见表8-1。

表8-1 游戏化机制

机制	具体内容	玩法、形式
社交机制	游戏化内容中的社交关系	加好友、组战队、组CP（联结配对，尤其是情侣配对）、PK（比赛、挑战）等
互动机制	玩法设计、界面交互设计	徽章、荣誉、排行榜、签到、助力、通知等
钩子机制	让用户做出某些关键行为，犹如鱼儿"上钩"	解锁、做任务、抢福利等
裂变机制	引导用户传播或者拉新	分享、邀请、助力、组队、做任务等

在这方面，互联网企业做得比较好，从QQ时代的"偷菜"到如今的"叮咚买菜"，从孩童时代的游戏机游戏到如今微信里时不时爆火的小程序游戏，均极好地利用了以上游戏化机制。

第三，利用稀缺性、专用性等特点，提升用户的归属感、优越感。比如，山姆会员商店、航空公司体系等，高效利用着这些特点。

社交货币铸造得越好，宣传的难度越小，被引爆的概率越大。

诱因原则

新奇会让用户乐于谈论和传播，可新鲜感一过，人们就会逐渐淡忘。想要获得持久的传播，必须善于制造有利于宣传的诱因。

什么是诱因？在心理学中，诱因指与个体需要有关的、推动个体去行动的刺激物。直接推动行为的内部原因被称为"动机",激起行为的外部原因被称为"诱因"。能满足个体需要的、具有吸引力的、使个体有所趋向的刺激物被称为"正诱因",妨碍个体需要的、让个体尝试远离的刺激物被称为"负诱因"。

诱因原则告诉我们,一件事物之所以容易出现在脑海中,是因为另一件相关联的事物激活了大脑的记忆。也就是说,只要宣传人能够将自己的产品与其他容易被想起的事物进行强关联,便更容易被人想起或谈论,产生传播。

那么,如何制造有利于宣传的诱因呢?

第一,设计能够关联的刺激物。宣传人要设计刺激物,并将刺激物与目标产品相关联。很多广告因成功利用该原理而大获成功。

妙可蓝多奶酪棒的广告词为"妙可蓝多,妙可蓝多,奶酪棒,奶酪棒,高钙又营养,陪伴我成长,真美味,真美味",广告词所配的音乐旋律是《两只老虎》的旋律。将人们熟悉的儿歌与奶酪棒进行关联,让听到该儿歌的人很容易想起这个产品。

此外,贵州省道真仡佬族苗族自治县城市旅游广告片的"要想身体好,多往道真跑"、蜜雪冰城的"你爱我,我爱你,蜜雪冰城甜蜜蜜"等,用的是完全一样的"套路"。

以上3个案例都出自华与华营销咨询,华与华对此研究得很透彻,有很多成功案例,大家可以阅读《超级符号就是超级创意》一书进行深入了解。

第二,蹭热点。这是宣传和自媒体运营中最常使用的方法,将热点与产品或活动结合,很容易获得流量。

第三,锚定法。人们对某一事物进行评估时,常会受外界影响锚定一个参考事物,在此基础上进行调整。如果宣传主体能一开始就为自己的产品锚定一个自带流量、口碑良好的品牌产品,能够大大节约信任成本。

雷军是使用锚定法的高手。雷军创业做手机时,小米手机锚定的是苹果手机;雷军创业做汽车时,小米汽车的外观直接锚定豪车品牌保时捷,和其他国产友商进行了区隔,不在一个层面上竞争。

以上3种方法都是在建立"正诱因",注意,宣传时不要和"负诱因"相关联。

三 情绪原则

"情绪价值"很重要,因为用户在情绪被调动时最容易做出分享行为,尤其是当代人,非常看重情绪价值。情绪价值泛指产品、服务带给用户的情感体验,是一种非物质性的附加价值。如今流行的"情绪价值"还是对人际关系的描述之一,指一个人影响他人情绪的能力。"情绪价值"的流行,反映了现代社会人们更高层次的心理需求。

宣传人想推动用户进行口碑传播,一定要努力为用户提供情绪价值。为用户提供情绪价值,可以从两个方面入手。

第一,提供正向情绪价值。尽量多给用户反馈正向情绪,因为没有人喜欢负能量。给他人带去的舒服、愉悦、稳定的情绪越多,所提供的情绪价值越高。

第二,善于共情。所谓"共情",可以理解为站在对方的立场上看问题。共情,需要理解对方的感受并表达出来。

四 公共性原则

应用公共性原则,要让产品能够在公共场合被轻易地认出来,提高产品在公共场合的辨识度、可观察性和可模仿性。简言之,就是让自己的产品被看见,且便于观察和模仿。

近年来在网络上爆火的事物,都有便于模仿、夸张、"魔性"(古怪且非常吸引人)等特征,"奥利给"等口头禅、"科目三舞蹈"等行为都是典型代表。

本书第7章中介绍的联名营销、色彩营销、城市宣传、巨物宣传、热点演绎、打造网红点等方法,都应用了公共性原则。

五 实用价值原则

互联网让信息日渐透明，人们可以非常便捷地学习各种知识。出于满足求知欲、好奇心、安全感等需要，人们对于有价值的信息具有更多好感，也十分愿意分享，其中，能为他人提供实用价值的信息最受欢迎。

那么，如何用好实用价值原则呢？可以多做科普、多提供行业解决方案。每个行业都有自己的专业知识、用户痛点、时事新闻，若用户能借助某宣传主体的宣传行业提升认知、减少信息差，口碑传播是自然而然发生的。

很多品牌和达人将实用价值原则践行得很好，比如，空气炸锅品牌分享美食食谱、证券公司分享投资理财方法、母婴公司教妈妈们育儿、美妆博主教大众化妆、装修公司教大家设计自己的家、服装品牌教穿搭技巧、绿植店教养花知识等。

六 故事原则

古希腊哲学家柏拉图说，谁会讲故事，谁就拥有世界。全球营销战略大师、"定位之父"杰克·特劳特说，做好营销，就是讲好品牌故事。广告是向用户以及潜在用户讲述品牌故事的工具，是与公关和促销并列的工具。

人天生爱听故事，用故事传递信息、用故事宣扬理念、在故事中植入广告等，都是非常高明的宣传方法。品牌有品牌故事，产品有产品故事，所有信息都可以用故事的形式传递。

为什么很多泰国广告备受欢迎？因为很多泰国广告不仅在宣传产品，还在为用户讲故事。反之，很多宣传主体的广告通篇在介绍品牌、产品，用户很难有观看的兴趣。

上海电信拍过一个宣传5G的短片，名为《你好，生活》，短片没有介绍5G的先进技术，也没有强调5G的突出成绩，而是以12位生活在上海的、不同职业的人与时间合影的形式展现了一幅上海24小时全景图，生动体现了"5G让生活更美好"。

这个案例，应用了情绪原则和故事原则，利用真实的生活场景及故事，引发用户的共情与共鸣，向用户传递电信5G陪伴消费者与城市一起变得更好的美好理念，让用户对5G更有实感、更有情感。

《侬好，生活》是上海电信"5G之城"项目的一部分，"5G之城"传播案例在国内与国际上获奖无数，比如，斩获了第十二届虎啸奖的"全场大奖"。由此可见，无论是专业评审还是用户反馈，该创意都得到了深度认可。

《疯传》总结的6个原则非常经典，宣传人在打造产品、策划活动、撰写内容时，都可以用这6个原则来自查，如果应用了一个或多个原则，成功的概率会提高，如果一个原则都没有应用，就要好好反思了。

8.2 裂变增长活动策划 >>>

裂变的本质是引导更多人分享。一传十,十传百……在理想的情况下,传播人数有指数级增长的规律。这是一种低成本撬动流量的绝招,很多宣传人意识到了这一点后,会借助社群等私域渠道开展裂变增长活动。

用户为什么愿意分享?很多时候是因为有奖励,但私域裂变绝不是奖励多就能成功的。裂变路径顺不顺、转化率高不高、有没有冷启动的初始流量等因素,都影响着一场裂变增长活动能否成功。在裂变增长活动策划阶段,宣传人就要考虑清楚这些问题,并对各环节进行合理规划,否则开始执行后,任何一个环节出错,都可能导致难以达到预期目标。

那么,裂变增长活动有哪些流程?如何在各流程中合理把握细节、运筹帷幄呢?

一 明确活动目标

针对不同的目标,有不同的活动重点,宣传人要明确自己的目标,才不会盲目开始、草草收尾。

裂变增长活动的目标通常有3种,如下。

第8章
人网：引爆社交口碑

第一，宣传推广。在裂变过程中，用户每一次分享都是一次曝光，如果活动目标是为了让尽量多的用户看到我们，提高品牌知名度，我们可以提高奖励价值，同时降低参与门槛，让更多用户参与进来。

第二，涨粉。涨粉可以是为APP、微信公众号、视频号增加粉丝，也可以是把更多的人拉进社群。以涨粉为目标的裂变增长活动最容易做成"败家式"活动，即拉了一大堆无效粉丝，增长一时爽，转化时烦心。组织这类裂变增长活动要注意选择合适的礼品，用礼品筛选参与者，同时适当设置阶梯奖励、排行榜奖励等额外的奖励，让真正感兴趣的人深度参与。

第三，提升销量。有的裂变增长活动的组织是为了提升销量，这种行为也被称为"分销"。以提升销量为目标时，可以适当加大奖励力度，让用户感觉到"超值"，进而产生购买行为，同时，可以适当提高门槛，筛选真正的用户，甚至要求购买产品或服务后才能进行分享。

评估裂变模型

明确目标后，不要急着确定玩法、规则，要先评估本次裂变增长活动的模型，具体做法是理解用户行为产生的本质，并结合本次活动的特点进行评估。

福格行为模型常用来进行裂变模型评估。

福格行为模型是B.J.福格博士提出的，福格博士是"全球企业追捧的产品导师"，被誉为传奇的"微习惯之王"。福格行为模型告诉我们，行为的发生，需要动机、能力和提示三大要素同时发挥作用——三大要素同时出现，行为就会发生。

福格行为模型的公式为B=MAP，即行为（Behavior）=动机（Motivation）×能力（Ability）×提示（Prompt）。动机是欲望，能力是执行基础，提示是引导信息，三者缺一不可。

在裂变增长活动组织中，动机、能力与提示共同指导着组织者完善各活动细节。

官宣
如何做官方宣传

1. 动机

动机是用户分享的动力来源。在私域裂变中，动机可以分为外部动机（福利、奖励、优惠等）和内部动机（身份认同、炫耀、爱心等），如果外部动机和内部动机同时存在，裂变增长的效果是最好的。

2. 能力

能力是用户行为的执行基础。为了让裂变增长更顺畅，一方面要努力降低操作难度，让操作无限接近"傻瓜式操作"；另一方面要有明确的规则和教育方法，提升用户的参与能力。

3. 提示

提示是行为发生的引导信息，包括使用各种途径与多样化形式推送的信息。作为宣传主体，要高效应用诱因原则、公共性原则等原则，让用户主动想起相关活动。

无论是面对资深用户，还是面对新用户，都要充分考虑他们在参与活动时的动机、能力与提示，设计方案前要假设，启动活动前要测试。

三 设置奖励

奖励是决定裂变增长活动能否组织成功的关键要素，没有合适的奖励，活动还没开始就已经输了。

组织裂变增长活动，应该设置什么奖励？通常有以下几种类型。

类型一，实物奖品，比如小家电、数码产品、书籍、艺术品等。如果是自有产品，最好选择爆品，或者专门设计引流品；如果不是自有产品，最好选择用户认知度高、有价值感知的产品，举个例子，送黄金比送玉石更容易让用户有价值感知。

类型二，虚拟奖品，比如电子书、卡券、权益、积分、课程、PPT课件等。虚拟奖品的成本低，发放便捷，但在价值感知方面有劣势，如果价值不便估量，一定要在宣传物料中充分地塑造价值，让奖品更有吸引力。

类型三，体验产品，比如体验券、试用装、试吃机会、免单机会、免费服务等。体验产品可以是实物奖品，也可以是虚拟产品。

类型四，金钱及其等价物，比如红包、超市购物卡等。

不同的奖励各有优劣势，分析对比见表8-2。

表8-2 裂变奖励优劣势对比

奖励类型	优势	劣势	温馨提醒
实物奖品	用户易感知其价值，选择范围广，成本可控，可定制	对宣传主体的选品能力要求较高，不同奖品的吸引力差异较大，运营成本较高	可通过控制数量进行成本控制；如果需要快递，要考虑物流成本与人工成本
虚拟奖品	边际成本低，运营成本低，能够起到筛选用户的作用	吸引力不如实物奖品，需要进行价值塑造	可发挥其边际成本低的优势，不限制数量
体验产品	与宣传标的强关联，利于精准引流，转化率较高	用户难以进行价值感知的体验产品不具有吸引力，用户有价值感知的体验产品则容易被用户"薅羊毛"	要在成本和体验感之间找平衡
金钱及其等价物	价值感知度最高，人群辐射范围广	金额大则成本过高，金额小则不具有吸引力	早期可使用，不建议长期使用

奖励设置并不容易，充满不确定性，很多时候，宣传主体自认为设置的奖励很有吸引力，但用户不买账。怎样尽可能地保证设置的奖励是有吸引力的？最好的办法便是测试。

提前在小范围人群中测试奖励效果，如果效果好，便作为裂变增长活动的奖励，继续扩发；如果效果不好，则变换奖励，直到找到最合适的奖励。

四 选择平台

私域裂变的渠道包括微信中的微信群、公众号、朋友圈、小程序，以及企业微信等。早期的裂变增长活动主要由微信公众号承接，后来流行使用微信群和朋友圈进行裂变，如今，企业微信是大多数裂变增长活动的核心，结合企业微信群和朋友圈效果最佳。

经过移动互联网这么多年的发展，私域裂变的方法很多，基于承接平台的不同，可以分为企业微信裂变、社群裂变、公众号裂变和小程序裂变。在选择平台时，需要考虑以下特点。

1. 企业微信裂变

为了避免被封号，进行企业微信裂变前需要"养号"，或者用多个账号分摊加粉任务。企业微信裂变适合具有长期价值的宣传主体，主打"终身价值"。

2. 社群裂变

社群裂变效率高、拉人速度快，且用户进群的内心阻碍小，因此，社群非常适合用于裂变增长活动。其中，微信群裂变尤其适合资源充足、周期较短的活动，主打短、平、快。

3. 公众号裂变

公众号裂变适合需要把用户沉淀到公众号中的宣传主体，比如公园、商场等。公众号裂变的运营压力小，主打"细水长流"。

4. 小程序裂变

小程序裂变的用户留存效果是最差的,但是小程序非常适合进行自主开发,如果宣传主体有创新玩法或复杂玩法,不妨试试小程序裂变。

各承接平台的执行路径略有差异,但总流程和关键节点是一致的,如图 8-2 所示。

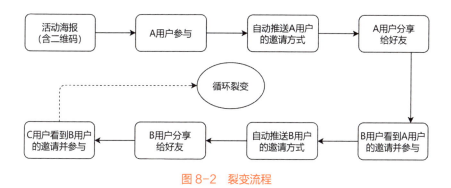

图 8-2 裂变流程

五 确定玩法、规则

裂变的经典玩法包括众筹式裂变、互惠式裂变、共享式裂变和游戏式裂变 4 种,每一种都很高效。

1. 众筹式裂变——人人帮我拿福利

众筹式裂变是私域裂变中最常见的一种裂变形式——用户发起分享,邀请新用户完成某行为或某任务后,可获得奖励,其带来的新用户可继续参与活动邀请好友……

众筹式裂变有邀请有礼、助力砍价、助力拆红包、助力抽奖、助力抢票等多种形式。

官宣
如何做官方宣传

很多宣传主体照搬照抄其他宣传主体的众筹式裂变活动，结果很不理想，大概率是因为模仿了活动形式，没有模仿到关键点。众筹式裂变设计的关键点在于奖励、任务门槛和新用户留存。

为了让更多用户感兴趣，规划奖励池时，可以选择对多种奖励进行打包，或者让用户自主选择想要的奖励。如果反复使用同样的奖励池，要尽量多给用户选择权，否则奖励无法支撑用户多次参与活动。

我是招商银行的"铁粉"，常向身边人推荐招商银行的产品，推荐的结果是我家里有十几个招商银行送的锅——奖励太单一，显得很鸡肋。

此外，还可以设置阶梯式奖励和排行榜，比如随着用户邀请人数的增加，给用户不同的奖励，充分调动用户的积极性。

设计任务门槛，需要充分考虑实际情况，一般，邀请人数可分为1人、3人、5人、10人，最好不超过15人。具体多少人，要做裂变模型评估与测试。

新用户留存方面，宣传主体需要做好第一次对话、24小时再次触达等动作，提高用户黏性。

2. 共享式裂变——我帮人人拿福利

共享式裂变强调"赠送"，资深用户通过分享把福利赠送给新用户，带动新用户的参与。经典活动包括0元赠礼、会员权益赠送、好友卡赠送、家人会员卡赠送、买一送一、好友转送等。

麦当劳的月卡赠送活动，支持资深用户将月卡送给其他用户。由于参与的人多为"资深食客"，该活动裂变出的新用户非常精准，消费能力也比较强。

共享式裂变的拉新规模相对较小，但用户体验很好，适合已经具有一定知名度的品牌和社交属性比较强的产品。比如，泡泡玛特支持用户购买盲盒后生成心意卡，分享给好友，被分享好友可以填写地址，领取盲盒。很多知识付费产品，目前逐步支持用户购买后送给他人学习。

3. 互惠式裂变——大家一起拿福利

互惠式裂变指分享者和新用户同时享受福利的裂变，互惠，可以提升用户的邀请动力和新用户的参与动力。互惠式裂变大多以拼团、组队的形式进行，经典活动如拼团购买、一分钱拼团、组队抽奖、战队 PK、瓜分奖池、分享红包等。

互惠式裂变大多有差异化奖励，分享者付出的成本越多，得到的奖励价值越高。

4. 游戏式裂变——综合玩法

游戏式裂变可以整合多种活动形式。比如，每年春节火爆一时的支付宝集五福活动，整合了奖池瓜分、好友助力、好友赠送、邀请有礼等多种活动形式。又如，淘宝叠猫猫活动整合了组队 PK、奖池瓜分等多种活动形式，成为现象级活动之一。

六 制作物料

裂变增长活动的必备物料包括活动海报、活动介绍话术、用户转发话术，以及需要根据活动规则制作的 H5、宣传视频等。

裂变增长活动的物料需求量很大，活动海报需要设计多个版本，减少用户的审美疲劳；活动介绍话术可以针对不同的人群做定制版本；用户转发话术的需求量最大，不仅每天发送的话术应该不同，还要设计多套话术供用户选择，我操盘裂变增长活动时，会在活动启动前准备至少 100 套话术，每天换着花样地发。

这么多的准备工作，如何在短时间内完成？如今有了 AI 的帮忙，简直太轻松了！把 AI 用好，能极大地提高我们的生产力。

七 推动落地执行

首先，做好测试。可以针对资深用户或者小范围用户进行验证测试，观察测试过程，分析测试数据，也可以进行 A/B 测试，确定最优的活动方案。

> **小贴士**
>
> A/B 测试，原是一种网页优化方法，现被广泛应用于互联网运营。简单来说，A/B 测试就是为同一个目标制订两个方案，让一部分用户使用 A 方案，另一部分用户使用 B 方案，记录所有用户的使用情况，看哪个方案更好。

然后，进行冷启动，从种子用户开始，用最快的速度扩散。第一波流量的规模基本决定着整个活动能够达到的传播规模，一旦启动，就得持续推动裂变增长活动一轮轮进行，并在过程中监控数据、修补问题、适时调整。

最后，在规定期限内结束活动，做好善后工作与长尾流量的承接工作。

8.3 朋友圈宣传的着力点

自 2012 年上线，十几年来，朋友圈热度居高不下，不得不说是社交媒体领域的一个传奇。在朋友圈早已成为很多人生活与工作的一部分的当下，抢占朋友圈在宣传工作中的重要性不言而喻。

朋友圈宣传，与抖音等公域平台上的宣传有所不同。大部分人的朋友圈受众以熟人为主，面对熟人时，人们的分享行为有更多的顾忌。推动朋友圈宣传，并不容易。

很多人参与裂变活动时，为了获得奖励，会使用各种作弊手段，比如，发朋友圈时设置屏蔽大多数人；又如，用"小号"做任务；再如，完成朋友圈截图后立刻删除相关动态……这些事，我都做过，因为我深知每一次发朋友圈，说什么、做什么，都会影响别人对我们的认知与评价。发朋友圈，必须慎重。

难度越大，对应的收益越大，如果能让用户主动在朋友圈为我们宣传，带给我们的收益是其他途径无法比的。

前文介绍的口碑传播 6 个原则在推动朋友圈宣传方面十分有用，此外，宣传人还要特别关注两个关键要素——物质奖励和精神爽点。物质奖励的相关知识已经在裂变增长部分介绍过，此处不再赘述，接下来，我们重点聊聊"精神爽点"。

官宣
如何做官方宣传

精神爽点指人们在精神层面获得愉悦感和满足感的极致体验点。朋友圈本质上是一个社交场，如果我们的内容能为用户提供精神爽点，就会调动用户的分享欲。用户的分享欲和我们无关，和自己有关。**用户的一切分享动力都来自用户自身，用户不会分享我们的产品，用户不会分享我们的服务，只会分享自己的愉悦和满足。**

找到了用户的精神爽点，就找到了用户主动分享与宣传的触发开关！常见的精神爽点有高光时刻、身份认同与快乐，下面逐一介绍。

一 高光时刻

记住：用户不会主动分享我们的产品，也不会主动分享我们的服务，但是会主动分享自己的高光时刻！ 这为我们提供了一个思路——我们能不能为用户打造高光时刻，让他们在享受、分享高光时刻时顺便帮我们做做宣传？

我在成为职业培训师前办过美术培训机构和学科辅导机构。我发现，美术培训和学科辅导有很大的区别。孩子在接受美术培训的过程中永远是在进步的，孩子画出一幅新作品、成功考级等，都是高光时刻，很多家长会发朋友圈。如果家长的朋友看到后问："哇，宝贝画得真好，在哪里学的？"家长回答就等于在帮我们做宣传。

美术培训的高光时刻很容易打造，学科辅导高光时刻的打造则困难得多。学生的进步是用分数来衡量的，虽然经过学科辅导，很多学生的学习习惯和学习能力得到了很大的优化和提升，但是随着年级越来越高、知识越来越难，考高分的难度会越来越大，各种进步不容易显现。那么，如何在学科辅导的过程中为孩子打造高光时刻呢？我尝试过很多方法后发现，答案不在成绩上，而在学习过程中。于是，我们对孩子的学习过程进行量化，给孩子积分，比如准时上课得××分、按时完成作业得××分、帮助同学得××分、在家认真学习得到妈妈表扬得××分……孩子为了积分而努力的高光时刻、攒了一个学期的积分终于兑换到了心仪已久的礼物的高光时刻等，都是学习过程中清晰可见的高光时刻，家长非常乐于分享。每到暑假，我们还会带孩子们去游学，规定父母不能陪同。在游学过程中，我和同行的老师会教孩子自己洗衣服、给父母写感谢信等，这些成长过程中的高光时刻，是家长在日常生活中不常看到的。我做过一次统计，有一年暑假，在有 50 个孩子、为期 5 天的游学过程中，留家关注的家长总共进行了 1200 次的主动分享，平均一个家长主动分享 24 次，这个数量太惊人了！

无论是孩子，还是成年人，大家都很愿意分享高光时刻。

我每年有 100 多天在给企业培训，培训时，组织培训的企业经常安排摄影师记录培训过程。我发现，没有经验的企业总是让摄影师把镜头对准讲师和教室，拍讲师上课时的各种姿态、拍教室的全景、拍小组学习的状态等，有经验的企业则会让摄影师把更多的镜头对准受训员工，先尽量多拍员工特写、好看的个人照，再拍多人照、小组照、集体照。结果显示，培训结束后，被参训员工分享最多的是他们的个人照，即他们学习时的高光时刻，而不是所有人举着横幅的集体照。

身份认同

发朋友圈，其实是在有意或无意地告诉朋友圈里的人"我是一个什么样的人"。人们总是有意或无意地通过发朋友圈表明自己的身份，换句话说，用户会通过分享与自己匹配的东西来强化自己的身份认同。

有一款运动软件叫 Keep，早期的宣传策略是把很多优质的健身教程放在平台上，供用户免费学习和跟练。很多人用 Keep 辅助运动，但用完后主动分享、助力宣传的人太少了，这导致 Keep 虽然积累了良好的口碑，但用户量增长缓慢。

后来，Keep 优化了宣传策略——每当用户结束运动，系统会立刻生成一个运动报告，报告中记录着运动的数据、跑步的轨迹、坚持的天数等，界面清爽、排版大方，太适合分享朋友圈展示运动成果了！用户有了分享动力，Keep 的用户量迅速增长。

为什么用户喜欢分享运动报告而不是运动教程？因为分享运动报告的背后，是在表达"我是一个自律的人""我是一个追求健康的人""我是一个对自己有要求的人"……这是一种身份认同。记住，**我们是谁不重要，让用户成为谁才重要**。

三 快乐

大家注意到没有？朋友圈中常见晒娃、晒萌宠、晒风景、晒美食、晒幽默段子的动态。快乐总是受欢迎的，如果我们能激发用户快乐的情绪，往往会在宣传中有意想不到的收获。

2024年，河南省开封市万岁山景区的"王婆说媒"走红网络，"王婆"扮演者赵梅凭一己之力带起了开封文旅新热潮。

有人大胆上台交友、有人借"干娘"之口表白、有人在"干娘"的帮助下破镜重圆……越来越多的人被吸引。要知道，很多人并非真的需要找对象，台上的短暂接触也未必会有后续，这些人单纯是来现场感受轻松愉快的气氛的。赵梅多才多艺、幽默风趣、妙语连珠，智商与情商都很高，场上分寸把握得恰到好处，深受年轻人的喜爱。把快乐气氛烘托到了极致，这才是社交媒体上"王婆说媒"火爆、高人气的本质原因。

记住：让用户感到快乐，用户会心甘情愿地为我们宣传。制造快乐，比制造焦虑、渲染恐惧等更具正能量，快乐，是具有可持续性的精神爽点。

8.4 打造"四有"社群宣传

没有人能离开社群,我们每天都会不知不觉地通过社群获取信息、完成社交。社群是天然的信息交换场所,是巨大的流量入口,社群宣传的本质是让用户用自发讨论、日常分享的形式完成口碑传播。

社群的力量,对官方宣传而言,可能是助力,也可能是阻力。一个事件发生后,在官方发声之前,各种信息很可能就已经在社群中迅速传开了,若很多小道消息、谣言夹在其中,人们很容易被"先入为主"的信息误导,官方宣传会难上加难。因此,做官方宣传,不可以不懂社群!

用社群抢占用户的时间、抢占用户的注意力、经营用户的精神世界,让用户和我们在一起,与我们产生深度链接,给我们更多的触达机会,能够帮助我们在无形中做宣传、塑造深度关系。

如何做好社群宣传?物以类聚,人以群分,宣传主体既要充分用好精准用户聚集的各种社群,提供足够多的内容和物料让用户在不同的社群中转发、传播、裂变,又要打造自己的社群阵地,把流量掌握在自己的手中。

打造社群并不容易,如何让自己的社群生命周期更长,并且在有限的活跃周期内完成宣传使命?宣传人可以从4个"有"出发,分别是有利、有趣、有用、有情。

官宣
如何做官方宣传

一 有利

为什么瑞幸咖啡的社群总能帮助新品完成宣发？为什么很多团购社群总能轻松爆单？本质都是因为商家在社群中为用户提供了超值福利，在社群氛围的烘托中，这种"有利可图"的感觉会更强烈。

产品复购率高的宣传主体最适合通过提供"有利"的产品或活动来运营社群，如茶饮品牌、水果店、便利店等，在用户消费频率高、消费门槛低、复购率高的情况下，可以通过发券、秒杀、团购等完成推广。

对产品复购率稍低的宣传主体来说，如蛋糕房、服装店、饭店、通信营业厅、银行等，可以用社群打造会员日，在特定的时间点包装一些福利、权益和产品，给用户关注和成交的"理由"。

产品复购周期特别长的宣传主体，如保险、宽带提供者，以及产品复购率非常低的宣传主体，如装修材料、家电销售商，做社群的难度更大，做长期社群的可能性几乎没有，此时，可以考虑用"快闪群"实现经典产品的集中促销，并带动新产品的宣传、推广。

2023年，我给平安保险做宣传培训，培训主题是社群的创新模式。有车的朋友应该有过类似的经历——每年，保险快到期时，各大保险公司会通过电话进行"轮番轰炸"式推销，令人烦不胜烦。

用社群怎么做相关工作呢？把要续保的客户拉进社群，不再通过电话进行推销，而是在社群中转化。有两大主要做法供大家参考，第一，让客户一进入社群就获得权益，且让通过社群接龙续保的客户享受最低的保费和额外的权益，通过社群营造紧迫感、稀缺感、成交氛围，会令客户更快地做决策；第二，在社群中组织保险课堂、知识科普、产品测评、有奖问答等活动，宣传其他保险产品，把车险客户转化为其他险种的客户。

第 8 章
人网：引爆社交口碑

💬 有趣

利益驱动容易促成短期成交，但这样的社群很难长久活跃。如果用户长期没有复购需求，宣传主体的每一次看似有利的推送，实际上都是对用户的打扰。如果想要跟用户长时间"在一起"，需要降低打扰用户的频率，但如果保持静默，就无法在用户面前持续刷存在感，社群很快会被其他消息所覆盖，进而"永无出头之日"，怎么办？

这时候，就需要使用第二招——有趣。宣传主体要让用户即使不买东西也愿意待在社群里、即使不消费也觉得有意思、即使不说话也有参与感。

怎么做到让社群有趣？我有两个秘诀。

第一，只需要把抖音、小红书等公域平台上的一些与行业有关的、有趣的内容分享到社群里，就能让社群持续活跃且精彩。可以选择分享曾经爆火的内容，也可以选择分享此时正火的内容，它们都是经过市场检验的、最有可能被用户关心的内容。

第二，如果社群内用户以本地人为主，可以多分享本地人可能关心的重要信息，如重大政策、新闻资讯、热门话题等，在这些内容中夹杂一些宣传、推广信息，用户一般不会反感。

中国移动某省分公司过去总是在社群中分享流量包、手机购买福利等信息，对于不缺流量、不买手机的用户而言，这个社群毫无吸引力。后来，该省分公司降低这些信息的推送频率，提高本地信息的推送频率，比如养老金的调整、重大天气变化、道路桥梁建设进度、热点事件通告等，这些内容全部来源于本地的融媒体平台和权威媒体平台。该省分公司不生产信息，只做重要信息的"搬运工"，既保证了内容的真实可靠，又不需要自己费心创作，运营成本很低，效果也很好。

除了提供有趣的内容，在宣传、营销等环节，宣传主体可以用更加有趣的形式激活社群的购买氛围。以下列举一些有趣又有效的社群小游戏。

官宣
如何做官方宣传

1. 猜价格

让用户在社群中猜目标产品或服务的价格，规定所猜价格最接近实际价格的用户可享受免单福利或者优先体验的特权。

2. 寻宝游戏

发布游戏公告，设置一些线索或者关卡，引导用户寻找答案。

3. 拼运气

提前准备奖品，用扔骰子猜点数、抢红包等方式决出优胜者，获得奖品。

4. 机智抢答

用趣味问答的形式介绍新产品或新活动。

5. 集赞有礼

让用户转发或发朋友圈集赞，凭点赞数赢取奖品。

6. 故事征集

征集指定主题的故事，给投稿用户物质奖励或精神奖励。

有用

有趣的社群能留住用户的时间，但对应的用户黏性是较浅层次的用户黏性，要建立深度的用户信任，可使用第三招——有用。

怎样让社群变得有用呢？为社群成员提供价值。用户能在社群中获得自己想要的东西，就会长期留在社群中。

第 8 章
人网：引爆社交口碑

如何打造社群价值？方法有很多，介绍一个非常有效且易执行的方法——知识分享。任何行业都有其专业的知识，都存在着信息差，如果能为用户提供知识科普、测评等内容，以及咨询服务，可以让用户更直观地感受到宣传主体的专业、靠谱。在漫长的陪伴中，"润物细无声"地完成深度信任的建立，这是更高级的宣传。

每个行业都有能切入的角度，比如，销售化妆品的宣传主体可以分享化妆技巧、进行化妆品成分科普；销售服装的宣传主体可以分享服装穿搭、面料选择、洗衣护衣等技巧；做投资理财的宣传主体可以提供市场分析、政策解读等信息。

带着利他的心态，不断学习与总结，用用户听得懂的话做知识分享，这样的社群是有长期价值的。实践证明，面对价值感强的社群，用户不会轻易退群，即使很忙，也会隔三岔五地抽空来看看。

金融、教育培训、知识付费等领域的宣传标的多为看不见摸不着的虚拟产品或者服务，打造"有用"的社群，要先争取用户对社群的信任，久而久之，用户会把对社群的信任转移为对产品或者服务的信任。

我有一个在证券公司工作的学员，她仅凭两个社群，每年轻松拿高薪——每当有新产品发布，社群内的用户都愿意听她的推荐，支持她的工作。她之所以有这么强的号召力，是因为她平时会为社群内的用户做非常多的知识分享，让社群内的用户觉得这是一个有用的群，觉得她是一个值得信赖的投资顾问。她都做了哪些事情呢？每天做行情深度解读、每周做财富课堂、每月做重要会议政策解读、每个季度做定制化的投资者分析、每年做投资者年度报告、不定期邀请大咖入群分享……

主要产品为实体产品的宣传主体同样能打造有用的社群，挖掘为用户提供专业服务的点。这是很多宣传人没有意识到的，有形产品背后，隐藏着大量的无形的内容需求。

宝岛眼镜的私域营销做得非常不错，即便如今实体流量大幅下滑，其依然能够逆势增长。宝岛眼镜是如何做的？宝岛眼镜鼓励全员营销，无论是店长、导购，还是验光师，都要通过社群、企业微信等渠道输出护眼知识、配镜策略、隐形眼镜挑选技巧等专业内容，打造值得信赖的个人形象，树立专业的品牌形象，达到为私域引流的目的。

同时，宝岛眼镜会以"验光师+助理+群主"为基本结构，组建专业服务类社群，在群内对用户进行多对一专业服务。宝岛眼镜没有"暴力涨粉"的手段，主要靠输出有用的内容获取用户的信任，而用户一旦对宝岛眼镜有了信任，即使该品牌眼镜的价格偏贵，也愿意为之买单。

从不熟悉变成熟悉，从陌生变成信赖，通过输出内容吸引用户，在用户心中建立信任感是必要的，因为用户要愿意听你讲，才会关注你在讲什么。**利他就是最大的利己，知识分享看似对销售无用，事实上，无用之用，方为大用。**

四 有情

社群的最高段位是"有情"，有情的社群生命周期最长。 物以类聚，人以群分，每个人都有社交需求，以及被尊重、被认同的需求。如果社群能为用户强化身份认同，帮助用户产生情感共鸣和情绪共振，这个社群的价值就很大。

社群中的"情"来自何处？来自人！

企业不是人，产品不是人，它们无法与人在同一个频道沟通。企业不是人，但人可以代表企业；产品不是人，但人可以推荐产品，因此，企业的创始人、老板、员工，以及产品的一线生产者都可以是代言人，负责与用户建立情感链接。

董明珠、雷军、马斯克等，是以老板的身份为企业代言；很多国企的官方自媒体，由员工代表企业；很多城市的文旅宣传，由文旅局长作为宣传主力……有人，才有情。山东淄博烧烤、甘肃天水麻辣烫、河南开封"王婆说媒"等案例中的城市均本是旅游名气并不大的城市，但因为背后有"情"，照样能在社交媒体上借助口碑传播吸粉无数。

除了微信社群，所有自媒体平台、线下商圈，只要有人群聚集，本质上就是社群。 明确了社群传播的原理，就掌握了推动口碑传播和裂变分享的诀窍。

附录

宣传舆情风险规避指南

近年来，有很多宣传主体因为宣传工作做得好而飞速走红，也有很多宣传主体因为一个人或一句话的错误陷入舆论危机。正所谓"眼见他起高楼，眼见他宴宾客，眼见他楼塌了"，在互联网高度发达的今天，任何一点错误都可能借由网络的力量被无限放大。

作为宣传人，应谨记"好事不出门，坏事传千里"。宣传舆情安全，是所有宣传人的必修课！

宣传舆情风险的七大类型 附一

近年来,与宣传舆情有关的事件层出不穷,令人防不胜防。实际上,宣传舆情风险可以明确地归为七大风险,分别为意识形态风险、版权风险、合作方风险、虚假宣传风险、双标风险、不当言行风险、公示/公告风险,如果能在这些方面有专业的洞察力和良好的意识,大概率不会犯严重的宣传错误。

以上七大宣传舆情风险分别对应哪些行为,应该如何规避呢?接下来逐一介绍。

一 意识形态风险

宣传舆情风险中的意识形态风险对应的行为主要包括错制地图、针对港澳台地区有错误表述、针对国家主权有错误表述、篡改历史及历史人物相关信息、侮辱英烈、侮辱国歌国旗、种族歧视、性别歧视、地域歧视、病残歧视,以及其他违背社会主义核心价值观、社会伦理的行为。

识别意识形态风险是宣传人的基本功,也是宣传人做宣传工作时要守住的最基本的底线,一旦出现意识形态问题,后果是难以估量的。对跨国企业来说,要加强对企业所在国家的文化、社会、政策、经济等背景的了解,这既是做宣传工作的需要,又是对当地消费者最基本的尊重。

官宣
如何做官方宣传

💬 版权风险

版权，又称著作权，指作者或其他自然人、法人、非法人组织依法对某一著作享有的权利。具体而言，版权包括发表权、署名权、修改权、保护作品完整权、复制权、发行权、信息网络传播权、改编权、翻译权、汇编权、出租权、展览权、表演权、放映权、广播权、摄制权，以及应当由著作权人享有的其他权利。

版权风险对应的行为主要包括抄袭、剽窃、未购买版权即擅自使用他人作品、未经授权和同意擅自改编他人作品、商标侵权等。

2022年5月21日，一汽奥迪与歌手刘德华合作，发布了一则应景的"小满"主题视频广告，该广告在不到24小时的时间内引发了全网刷屏，宣传非常成功。正当企业沉浸在成功的喜悦中时，有博主表示该视频的文案涉嫌抄袭。事件迅速发酵，一汽奥迪立即与创意代理公司核实情况，并及时道歉处理，才避免了陷入更大的舆论危机。

不少企业和一汽奥迪一样，将广告创作、制作、推广外包给了第三方公司，注意，在这种情况下也不要忽视版权风险。为了避免第三方公司版权意识不足导致品牌陷入舆论危机，宣传主体需要建立有效的审核机制，防止有版权风险的事件的发生。

💬 合作方风险

近年来，知名演员、歌手被负面新闻缠身的事件频繁发生，很多品牌被代言人连累，陷入舆论旋涡，这就是典型的"合作方风险"。合作方风险对应的行为主要包括与风格和品牌风格不一致的代言人合作、与有潜在负面新闻的代言人合作、与山寨品牌合作、与有潜在负面新闻的品牌合作等。

使用跨界联名、明星代言等营销方法时，要特别注意规避合作方风险。

四 虚假宣传风险

虚假宣传，指在商业活动中，经营者利用广告或其他方法传播关于商品、服务的与实际情况不符的虚假信息，导致用户产生误解的行为。虚假宣传风险对应的行为主要包括虚标产品参数、夸大产品效果、误导消费等。

在网络宣传中，虚假宣传十分常见，很多短视频、直播常在宣传产品时使用违禁词或类似于违禁词的异化词，均属于虚假宣传。做宣传工作，一定要真实、真诚、合理、合法，医疗、金融等领域的广告管理办法与合规要求尤其多，一定要加以关注。

各行业的广告管理办法、合规要求及违禁词，可按照本书前言介绍的方法获取。

五 双标风险

双标，即双重标准，指针对同一性质的事情，会根据自己的喜好、利益等，有相差很大，甚至截然相反的判断或行为。品牌双标，容易让用户感觉受到歧视，从而产生抵制情绪。

双标风险对应的行为主要是针对不同地域的市场，为同类产品使用不同配料或者制定不同生产服务标准。

可口可乐旗下气泡水曾被爆配料使用双标，爱马仕、GUCCI、加拿大鹅等品牌企业都曾被爆退换货政策制定双标，引发很多用户的抵制。

六 不当言行风险

企业的创始人、管理者，甚至普通员工的个人形象都关联着企业形象，若出现不当言行，不仅会影响品牌声誉、损害用户情感，还会影响投资者的投资决策。

不当言行主要包括企业员工的争议性言行和企业相关方的不当言行。

一般来说，企业创始人、企业高管的不当言行的影响更大，尤其是知名企业家，他们自带粉丝和流量，谨言慎行非常重要，必须传递正确的价值观，否则很容易被名气反噬。

如今，越来越多的企业家在打造个人 IP，频繁在网络上发表言论，他们尤其需要清楚哪些言论是不当言论，不能涉及。

七 公示 / 公告风险

公示 / 公告是政府、组织、机构用于对外宣布重要事项或者法定事项的公开文件，具有庄重性、广泛性、周知性等特性。公示 / 公告非常正式、重要，因此，一旦出现常识性错误，或者措辞不当、数据信息不正确等问题，发布方容易被大众质疑专业度不足、管理有问题，陷入负面舆情。

规避公示 / 公告风险，一定要特别关注财报、高管 / 股东变动公示 / 公告、组织架构调整公示 / 公告、业务调整公示 / 公告、道歉声明等各类文件的专业度、严谨度、正确性、合规性。

以上七类宣传舆情风险，每一类都有大量的相关案例，很多大家耳熟能详的品牌、企业曾"阴沟里翻船"。如何规避这些宣传舆情风险呢？除了要深刻了解每一类风险的风险点，增强风险意识，还要制定相应的制度，防患于未然。

宣传舆情风险解决方案 附二

规避宣传舆情风险,要从制定并完善制度入手,做好预防。具体而言,要逐步制定并完善三大制度。

第一步:制定并完善审查制度,提高员工合规意识。

第二步:制定并完善监测制度,了解市场反应。

第三步:制定并完善应对制度,降低负面影响。

制定并完善审查制度,提高员工合规意识

前文列举的舆情风险,很多宣传人是非常清楚的,那么,真正开展宣传工作时为什么还是会不自觉地"犯糊涂"?可能是因为宣传人为了流量和传播效果"铤而走险",也可能是因为合规审查人员或风控人员不专业,对舆情风险把握不准。建议宣传主体安排宣传工作时对以下几个方面进行重点关注。

第一,制定并完善审查制度。相关人员要加强学习、与时俱进,既要避免个人喜好左右合规决策,又要避免因自己不懂而"一刀切"地搞禁止。

第二,强化对合作方的审查,避免合作方创作、推广违规内容。

第三，全员提高合规意识，即提高员工"人人合规、事事合规"的合规意识。线上宣传内容要符合法律法规的要求，对内容是否含有违禁词、敏感词，是否违背公序良俗、社会主义核心价值观，以及涉及的数据、语言、文字、画面、声音是否真实等，宣传主体都要有明确、正确的判断。

二、制定并完善监测制度，了解市场反应

宣传主体可以使用舆情监测分析系统对宣传效果进行实时监测，通过设定关键词，如所宣传产品的名称、主要活动内容等，追踪、分析网络上的热度和流行趋势、受关注的话题、大众情感倾向的演变，以及信息在不同平台上的传播动态。舆情监测分析系统能够帮助宣传主体迅速识别突发情况和异常动向，借助这一系统，宣传主体能够迅速反应，采取有效的应对措施，避免陷入公关危机。

三、制定并完善应对制度，降低负面影响

一旦陷入公关危机，宣传主体要高度重视网络舆情应对工作，及时响应、快速处理，避免危机扩大，降低负面影响。

具体应该怎么做呢？以下7点供大家参考。

第一，制定并完善应对制度，打造全面的网络舆情监测体系、预警系统、分析研判机制和及时响应流程。

第二，牢记应对公关危机的五大原则：真诚沟通、速度第一、权威证实、系统运行、承担责任。

第三，落实责任人，积极应对、主动发声。在这方面，海底捞的几次公关危机都应对得非常好，大家有兴趣的话可以自行搜索海底捞相关新闻进行查看。

第四，官方要及时发声，尽快打消公众的疑虑，防止谣言快速蔓延。

第五，与媒体进行有效沟通。媒体在企业应对公关危机的过程中扮演着非常重要的角色，它既是信息的传递者，又是危机事件发展、处理情况的监督者，因此，能否与媒体进行有效沟通直接影响着公关危机的应对走向和结果。

第六，团结人群中的"意见领袖"。通过"意见领袖"发言、澄清事实，更容易获得公众的信任。

第七，慎重选择"幽默化解"。危机公关期间，面对媒体和公众时，态度应尽量端正，这时候强行幽默，很有可能适得其反。

舆情是动态变化的，倘若宣传主体的价值观不正，缺失对社会、对公众的敬畏与尊重，宣传舆情风险迟早会降临。因此，提升自身的素质和修养，才是防范宣传舆情风险的根本之道。